你未必知道的福建

『闽人智慧』丛书编委会 编

海峡出版发行集团 THE STRAITS PUBLISHING & DISTRIBUTING GROUP | 福建人民出版社 FUJIAN PEOPLE'S PUBLISHING HOUSE | 海峡文艺出版社 Haixia Literature & Art Publishing House

目录

从福建走出的苏氏「芦山三杰」

壹

厦门同安老城区西北隅葫芦山南麓坐落着一片以花岗岩和红砖共同筑就的闽南风格建筑，气势恢宏，这就是芦山堂，坊门上镌刻一副对联："五世进士天文医药双泰斗，七代簪缨宰辅将帅独苏门。"

作为苏氏芦山派入闽发源地，这里走出了苏氏"芦山三杰"：苏绅、苏缄和苏颂。苏绅与苏缄是堂兄弟，苏绅与苏颂是父子。三个人都考中进士，三个人的传记都被收入《宋史》，三个人都有著作传世。他们勤政爱民的品德、忠勇报国的精神、公正清廉的情操、遵礼重教的家风广为传扬。特别是苏颂，其在科技方面的成就对中国乃至世界都具有深远影响。

□ 苏颂：天文、医药双泰斗

苏颂（1020—1101），字子容，北宋泉州同安县（今厦门市同安区）人，童年在同安度过。他为官五十多年，历仕仁宗、英宗、神宗、哲宗、徽宗五朝，五次担任地方官员，五次在朝廷任职，五次出任外交使节，官至宰相，卒赠司空，后追封魏国公。

鲜为人知的是，苏颂在朝廷任职期间曾两次奉命领导科技工作，创造了研发七项"世界第一"的奇迹，被称为"中国的达·芬奇"。

首先，在医药学方面。北宋仁宗年间（1023—1063），政局稳定，贸易发达，大量新药广泛应用，人民对医药的要求也相应提高，盛世修典，应运而生。此时，苏颂第一次进入朝堂，负责编校医药古籍。他与同时代的药物学家编辑补注《嘉祐补注神农本草》一书，完成医药古籍的校勘工作。直到现在，全国各中医药大学使用的中医药经典教本《黄帝内经》《伤寒论》《脉经》等，都是那个时期校正刊行的。

在此基础上，他又主持编纂《本草图经》，在全国范围内广泛征集药材实物标本，包括由海外输入中国的药物，并且把药图和药用融为一体、药物和方剂相结合。《本草图经》是北宋以前历代药学著作与全国药物普查的集大成之作，全书 21 卷，收录药物 814 种、药图 933 幅、新增药 103 种，载单方千首之多，成为世界上第一部雕刻版药物图谱。

┌《本草图经》药图
（同安区社科联/供图）

苏颂是一位严谨的古代科学家，编纂《本草图经》时始终秉持严谨思维，以第一手资料为依据。书中内容比以往的本草著作更为丰富，描述细致准确，层次清晰，对药物的来源、产地、异名、鉴别特征、采收贮藏、栽培及炮制方法、功能主治等都一一进行了论述。以人参为例，《本草图经》记载人参生上党山谷及辽东，详细描述其植物形态，还介绍如何鉴别四种市场流通的人参究竟哪一种是正品的潞州人参（产于山西上党），并补充了一个实验，故而苏颂可以称得上是临床药理实验的先驱了。

《本草图经》是上承《神农本草经》、下启《本草纲目》的一部药学著作，是中国本草学历史上的重要里程碑。李时珍高度评价此书，谓其"考证详明，颇有发挥"。《本草纲目》的编纂在指导思想、文献搜集、治学态度、编写体例、绘图风格等方面都深受《本草图经》的影响。

英国剑桥大学科技史专家李约瑟曾评价说："在欧洲，把野外可能采集到的动植物，加以如此精确的木刻并印刷出来，这是直到十五世纪才出现的大事。"

其次，在天文学方面。苏颂第五次进入朝廷中枢期间，曾主持天文学方面的科研工作。公元 1086 年，苏颂

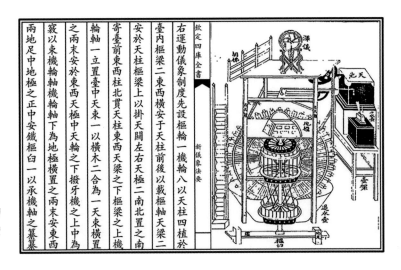

┌《新仪象法要》中的水运仪象台图纸（同安区社科联 / 供图）

以吏部尚书身份"提举研制新浑仪"。他挑选了精通天文和数学的韩公廉、精通机械制造的王沇之等一批当时的高精尖人才，以及诸多能工巧匠，组建"详定制造水运浑仪所"，并亲自设计方案、确定计划，历时六年，终于建成了一座高 12 米、长宽各 7 米的世界上最古老的天文钟——水运仪象台。

水运仪象台的诞生具有划时代的意义。它不仅是当时北宋最高端、最精密的天文仪器，而且创造了三项"世界第一"：其一，浑仪转动装置（望筒）可以跟随天体运动，是现代天文台转移钟的雏形，比罗伯特·胡克等西方科学家发明类似仪器早了六个世纪。其二，控制仪象台匀速运转的天衡系统（擒纵器）是现代机械钟表的先驱，李约瑟评价："它的重要性是使人认识到第一个擒

⌐ 根据苏颂《新仪象法要》中图纸重制的水运仪象台，位于厦门市同安区苏颂公园（厦门市委宣传部 / 供图）

纵器是中国发明的。"其三，水运仪象台的活动屋顶可根据观测需要和天气情况自由开启关闭，是现代天文台自动启闭圆顶的祖先。

水运仪象台制成之后，苏颂又结合制作过程写就《新仪象法要》三卷。这本中国现存最早的水力运转天文仪器专著再次拿下两项世界纪录：一是全书图文并茂，囊括了天文仪器和机械传动的全图、分图、零件图等50多幅，机械零件图150多幅，是世界上保存至今的最早、最完整的机械图纸；二是书中附有通过水运仪象台观测到的5幅星图，绘星数量达1,464颗，比欧洲在400多

┌ 水运仪象台的擒纵机构（同安区社科联/供图）

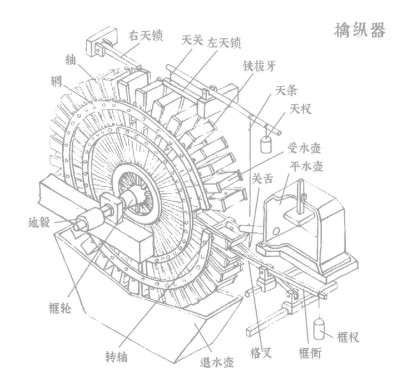

擒纵器

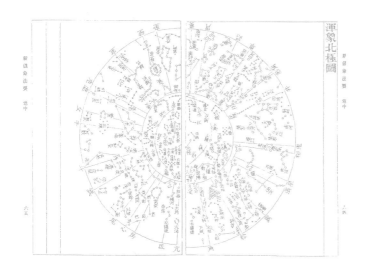

年后、文艺复兴前所观测到的星数还要多 400 多颗，成为历史上流传下来的全天星图中保存在中国的最早星图。

此后，苏颂又研究出了假天仪。它用竹木制成，形如球状竹笼，外面糊纸，再按天上星宿的位置在纸上开孔。人悬坐球内，扳动枢轴使球体转动，外面的光线从孔中射入，就可以更全面地看到星宿的出没运行。可以说，这架仪器是近代天文馆中星空演示的先驱。

公元 1101 年，苏颂在润州（今属江苏省镇江市）逝世，享年 82 岁，次年葬于润州丹阳县义理乡安乐亭五州山之东北埠。

┌ 苏颂星图之浑象北极图（同安区社科联 / 供图）↑
┌ 《新仪象法要》中关于天衡系统的记载（同安区社科联 / 供图）→

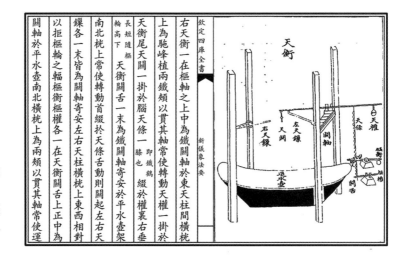

┌ 根据苏颂的研究复原出的假天仪外观及内部（厦门市委宣传部／供图）

　　纵观苏颂的一生，他既是一位杰出的政治家、外交家、文学家、史学家，还是一位杰出的天文学家、天文机械制造家、药物学家。李约瑟赞扬他："苏颂是中国古代和中世纪最伟大的博物学家和科学家之一。"中国科学院原院长卢嘉锡评价道："探根源、究终始，治学求实求精；编本草、合象仪，公诚首创。远权宠、荐贤能，从政持平持稳；集人才，讲科技，功颂千秋。"

□ 苏缄：南宁城隍庙里供奉的福建人

　　城隍是产生于古代祭祀、经道教衍化而来的城池保护神，自宋代开始，朝廷逐渐将各地护国佑民的忠烈之士封为城隍之神。

　　在南宁三街两巷历史文化街区中心有一座始建于宋代的城隍庙，里面安放的是福建人苏缄的雕像。与城隍庙相隔不远，还有一处省级文物保护单位——邕州知州苏缄殉难遗址。

　　苏缄 (1016—1076)，字宣甫，北宋泉州同安县（今厦门市同安区）人，22 岁进士及第，却以文驭武、屡获军功，官至邕州（今广西南宁市）知州。正是这位福建人，创造了以 2,800 人抵挡八万敌军并坚守 42 天的奇迹。

　　据《宋史·苏缄传》记载，北宋时期，北边辽国、西夏国对中原虎视眈眈，宋朝边防也因此重北轻南，仅

　┌ 反抗外来侵略的大宋英
雄——苏缄（同安区社科联 /
供图）↑
　┌ "宋苏忠勇公成仁处"碑亭
（龙思云 / 摄）↓
　┌ 邕州知州苏缄殉难遗址（龙
思云 / 摄）↘

留 2,800 名士卒驻守邕州城，不想却让位于南边的交趾（古时越南之别称）有了可乘之机。公元 1075 年，交趾太尉李常杰率军八万，水陆并进，直逼邕州。

面对压境的八万重兵，时任邕州知州苏缄虽知敌我悬殊，却坚定抗敌守土之决心，召集城内僚吏和民间有才之士，制定守城方略，并划分防卫地段，指派军队分区防守。

邕州受交趾围困后，苏缄带领军士以神臂弓射杀城外的敌人，发火箭焚毁敌军云梯和其他攻城器械。他将官府和自己的财物全部拿出来，慰劳士卒，安抚百姓，使全城军民士气高昂。敌寇几番攻城，皆被击退，死伤超过 1.5 万人。

然而孤城抗敌，粮尽水涸，外援不至，加上交趾军使出"囊土傅城"之计，把一袋袋泥土垒至与城墙齐高，

匚 苏缄护城故事石雕
壁画（龙思云 / 摄）

"蚁附而登"，终于陷落。苏缄誓死不降，大呼"吾义不死贼手"，率全家 36 口人自杀殉国。城中百姓被苏缄慷慨赴义的壮举所感动，直至交趾军屠城，无一人投降叛变。

苏缄壮烈殉国后，宋神宗追赠苏缄为奉国军节度使，谥"忠勇"。邕州城重建时，邕州人民在苏缄及其家人殉难处建祠祭祀，名"苏忠勇祠"。至南宋时期，苏忠勇祠逐渐转变为供奉地方保护神的城隍庙，苏缄则被奉为邕州城隍。

数百年来，南宁城隍庙虽历经多次重修，但渐渐失去原本的光华，至 1951 年仅存部分护墙。2017 年，南宁市启动三街两巷历史文化街区改造项目，并在原址重建南宁城隍庙，历史得以铭记，英雄的赤诚佑民情怀得以延续。

言传身教的教育家——苏绅
（同安区社科联／供图）

□ 苏绅：言传身教的教育家内相

苏绅（999—1046），字仪甫，初名庆民，北宋泉州同安县（今厦门市同安区）人，公元1019年考中进士，第二年担任广西宜州推官，三年后又改任湖北安州军事推官。

苏绅十分重视对苏家子弟的教育，在家族开办私学，聘请乡贤、名流为家庭教师。年幼的苏缄、苏颂一直跟着苏绅读书学习。苏颂在《家训诗》中说："我生五岁，先公口授《孝经》，古今诗赋皆成诵。"

苏家私塾重点向子弟们灌输"在家为孝子，出征是忠臣"的忠孝美德，讲授儒家舍生取义的品格和实例，而且还开展科学教育，因此教出了苏颂这样的天文历法学家。苏绅曾命苏颂作《夏正建寅赋》，批阅时鼓励苏颂说："夏正建寅，无遗事矣。汝异时，当以博学知名也。"

苏绅自身文武兼备。他文能任翰林学士、知制诰（宋人常称翰林学士、知制诰为内相），武能献策平叛安邦。公元1038年他提出以"缓图"代替"速取"，采取选用山地兵种、坚壁清野、切断后勤、孤立叛军等计策，最终平定了甘肃安化县一带的蒙光月之乱。

苏绅博学多智，经常为仁宗皇帝谋划国家大事，提出重爵赏、遴选择、明荐举、异服章、适才宜、择将帅、辨忠邪、修预备等八项建议主张，深受信任。

公元1046年，苏绅因病离开人世，葬于江苏丹阳县

城东砚山西北区。1053 年，苏缄和苏颂一同到苏绅坟前祭拜，苏缄写下诗句："五里平郊烟霭村，泪流坟土泣英魂。近年忠义心如铁，不负平生教育恩。"正如诗文所体现的，苏绅之功不仅在于他的政治业绩，更在于他对家风家教的重视，他培养了一位享誉世界的科学泰斗和一位名垂青史的民族英雄，成为"芦山三杰"的基石。

2018 年 6 月，《中国纪检监察报》刊发《苏颂：博学爱民 清白传家》；2020 年 1 月，中央纪委国家监委网站播出同名微电影，讲述以苏绅、苏颂等为代表的苏氏名臣贤相及其后代惠爱于民、清廉从政、诗书传家的基因传承。

作　　者：林永富　李　艳

朱熹、陆游和辛弃疾的武夷往事

八百多年前，朱熹在诗作《精舍·琴书四十年》中写道："琴书四十年，几作山中客。"这里的"山"指的是武夷山，"琴书"寓意山居生活，包括著述、讲学、授徒和交友等等，而朱熹的友人，则包括陆游、辛弃疾这样的宋代文化大家。

朱熹、陆游、辛弃疾曾先后多次主管武夷山冲佑观，因而被当地人尊称为"武夷三翁"（朱晦翁、陆放翁、辛瓢翁）。在这片山水之间，他们是文学家，也是茶人、美食家，三人共同在武夷山谱写了相遇相知、谈儒论道、报国为民的千古佳话。

┌ 冲佑观今景（衷柏夷 / 摄）

朱熹（1130—1200），字元晦，又字仲晦，号晦庵，晚称晦翁，世称朱文公，祖籍江西婺源，出生于福建尤溪，南宋著名的理学家、思想家、哲学家、教育家、诗人，儒学集大成者（郑友裕／供图）

□ 寄情山水 笔承春秋

淳熙十年（1183），53岁的朱熹选择在武夷山九曲溪五曲侧畔隐屏峰下建武夷精舍。五曲流水中有一座石岛，"巨石屹然，可环坐八九人，四面皆深水，当中科臼自然如灶"（朱熹《武夷精舍杂咏诗序》），朱熹把这块巨石命名为"茶灶"。

著书讲学之余，朱熹常携四方士友或弟子，漫步九曲溪畔，登临五曲巨石，留下无数生动故事。清代《武夷山志》作者董天工有《茶灶》诗云："试茗寻仙灶，赋诗夜未央。"描绘的就是朱熹等人登石煮茗、赏景赋诗，至深夜仍流连忘返的情形。

再来看看朱熹的《茶灶》："仙翁遗石灶，宛在水中央。饮罢方舟去，茶烟袅细香。"

全诗不拘泥于文人们汲水烹茶、寻茗赋诗的一般场

┌ 五曲茶灶石（吴心正/摄）↓
┌ 朱熹《茶灶》题诗拓片（朱建福/供图）↓

辛弃疾（1140—1207），原字坦夫，后改字幼安，号稼轩，济南历城（今山东省济南市历城区）人，南宋豪放派词人、爱国将领（闽智/供图）→（左）

陆游（1125—1210），字务观，号放翁，越州山阴（今浙江省绍兴市）人，南宋文学家、史学家、爱国诗人（闽智/供图）→（右）

面，而是看似随意地讲述远古仙翁遗事，让五曲水中的茶灶石笼罩在神秘之中。朱熹后来干脆请来石匠，在五曲巨石上镌刻了"茶灶"两个大字。

朱熹《茶灶》诗受到同代人和后来者的追捧，除了前文所述董天工，其他如杨万里、袁枢、陈梦庚、蔡廷秀等人，都有应和唱咏之作。朱熹的好友，南宋文学家、诗人杨万里诗赞："茶灶本笠泽，飞来摘茶国。堕在武夷山，溪心化为石。"将茶灶石比喻为武夷五曲之心。朱熹的另一位好友、南宋史学家袁枢诗云："摘茗蜕仙岩，汲水潜虬穴。旋然石上灶，轻泛瓯中雪。清风已生腋，芳味犹在舌。何时棹孤舟，来此分余啜。"表达了对武夷山水、茗茶的留恋。

陆游、辛弃疾虽不曾吟咏以《茶灶》为题的诗，但也有不少品茗论茶诗词涉及武夷茶。陆游有《闲游》诗云："平生长物扫除尽，犹带笔床茶灶来。"《喜得建茶》夸赞："舌本常留甘尽日，鼻端无复鼾如雷。"《雪后煎

茶》描述："雪液清甘涨井泉，自携茶灶就烹煎。"辛弃疾作有《水龙吟·听兮清珮琼瑶些》："其外芬芳，团龙片凤，煮云膏些。"喝茶这件普通百姓家的寻常事，在古代文人们的笔下却显得意趣盎然。

朱熹、陆游、辛弃疾等文化大家常常先后相约在茶灶石上烹茶品茗，谈儒论道，吟诗作对，留下许多广为流传的佳话。

陆游在建安（今建瓯市）提举福建茶盐公事之时与当时提举冲佑观的朱熹相聚于武夷山中。离别多年之后，陆游写就五首《寄题朱元晦武夷精舍》，回忆在武夷山的日子，留下"山如嵩少三十六，水似邛郲九折途""身闲剩觉溪山好，心静尤知日月长"等佳句。

《宋史·辛弃疾传》则记载，辛弃疾和朱熹同游九曲溪，辛弃疾写下《游武夷，作棹歌呈晦翁十首》："山中有客帝王师，日日吟诗坐钓矶。""试从精舍先生问，定在包牺八卦前。"

这些诗句展露了"武夷三翁"寄情山水间、心游尘世外的心境，记录了他们寻芳武夷、问道武夷的足迹。

虽然武夷山水是最常见的吟咏主题，但令人称奇的是，"三翁"都围绕幔亭胜景留下不少佳作。幔亭峰横敧在大王峰北侧，峰顶地势平坦，有巨石状如香鼎，又称宴仙坛，相传当年武夷君曾在此设幔亭宴会乡人，"幔亭"之名即由此而来。

朱熹的《九曲棹歌》这样描写幔亭招宴："一曲溪边上钓船，幔亭峰影蘸晴川。虹桥一断无消息，万壑千岩锁翠烟。"能让朱熹如此高看一眼，可见幔亭神仙会的分量。

陆游《游武夷山》则写道："少读《封禅书》，始知武夷君。"记述了他游览幔亭、追寻仙踪的闲趣。

辛弃疾与朱熹同游九曲时作《游武夷，作棹歌呈晦翁十首》，其中也有关于幔亭峰的内容："山上风吹笙鹤声，山前人望翠云屏。蓬莱枉觅瑶池路，不道人间有幔亭。"

三人笔下仙凡同乐的故事，成为描画武夷人间仙境的经典之作。

⌐ 幔亭峰悬崖半壁上镌刻有"幔亭"二字（彭善安 / 摄）↑（上）

⌐ 武夷精舍（吴心正 / 摄）↑（下）

五夫社仓正门，右侧有一口四方井（吴心正／摄）

□ 以民为本 志同道合

朱熹、陆游、辛弃疾有时虽不在一处，但联系密切，政见相合，惺惺相惜，他们不仅都胸怀儒家"济苍生、安天下"的政治理想，而且均为坚定的抗金主战派。

早在乾道四年（1168），闽北多地发生灾情，朱熹就劝豪绅发放存粟，以平价赈济灾民，仿效古时做法办社仓。三年后，他在武夷山五夫里建成广受赞誉的五夫社仓（也称朱子社仓）。社仓侧方有一口与地面平行的四方井，当时为防火之用，被称为"赈灾井""民心井"，这是朱熹民本思想的重要见证。

淳熙七年（1180），辛弃疾任南昌知府兼江西安抚使时，江西各地因旱灾饥荒严重。辛弃疾仿效朱熹的做法，向当地豪绅借余粮、筹资金，并千方百计从外地买粮。《宋史·辛弃疾传》还记载，辛弃疾发榜通告："闭籴者配，强籴者斩。"严禁囤积粮食、哄抬物价，违反者发配甚至问斩。这些措施很快收效，当地受灾百姓得以熬过饥荒。

⌐ 历代修缮五夫社仓的记载（李直玲／摄）

此时，朱熹也在江西做官，管辖之地永修、都昌同样旱灾严重。辛弃疾闻讯，将官府和商人借粮调剂部分运去，解了朱熹的燃眉之急。朱熹立即开设粥厂，救济大批灾民。灾情一过，又兴修水利，建立社仓。

而同一时期也在江西为官的"武夷三翁"之一陆游，却因开仓放粮、奏请朝廷赈灾获"擅权"罪名，官职被罢回到浙江老家。淳熙八年（1181），朱熹被推荐提举浙东常平茶盐公事，正值浙东发生灾荒，朱熹通过各种渠道征集赈籴米粮，救济灾民，奏劾救灾不力及不法官员，得罪了一些士大夫。陆游闻悉后，特地赠《寄朱元晦提举》诗一首："……劝分无积

粟，告籴未通流。民望甚饥渴，公行胡滞留……"声援朱熹，支持赈灾，同时表达对灾民疾苦和官府无能的绝望之情。

朱熹提举浙东常平茶盐公事期间赈济灾民、弹劾贪官取得的成果显著，得孝宗皇帝褒奖，其社仓赈灾办法缓解了灾情，使饥民无断炊之忧。随后，朝廷将朱熹呈请的《社仓法》"颁诏行于诸州各府"，广惠天下百姓。

在抗金大业面前，朱熹、陆游、辛弃疾三人既有文臣的苦谏精神，又有武将精忠报国的英勇豪迈。陆游曾在四十多岁时穿上戎装，亲赴前线征战。辛弃疾更是几番赶赴沙场，"金戈铁马，气吞万里如虎""八百里分麾下炙，五十弦翻塞外声"，朱熹称赞他"是一帅才"。

但辛弃疾这样的帅才却屡遭朝廷主和派排挤、打击，被贬至武夷山冲佑观担任赋闲的提举，失去英雄用武之地。朱熹对辛弃疾遭遇的不公十分不解，愤曰："此人作帅，亦有胜他人处，但当明赏罚以用之耳！"陆游也鸣不平："大材小用古所叹，管仲萧何实流亚。"

"三翁"作为抗金主战派，壮志难酬；武夷山下，他们只好"梦里挑灯看剑"，在茶灶石前空叹壮怀激烈的前情往事，令人感慨。

□ 所不朽者 垂万世名

对于一生多忧患、坎坷的"武夷三翁"来说，在武夷山的时光是难忘的，三人相识相知的友谊也尤其难得。

晚年朱熹被卷入"庆元党禁"，处境艰难。声名黯淡之际，许多见风使舵者与之断绝关系，有的门生甚至另投他人。但陆游、辛弃疾与朱熹始终惺惺相惜，保持着深厚的友情。

辛弃疾写信慰问朱熹，朱熹在回信中以

┌ 镌于六曲响声岩的朱熹手书题刻——逝者如斯（吴心正／摄）

"克己复礼"相勉。冬天朱熹寄茶饼、纸被给陆游，陆游写下"木枕藜床席见经，卧看飘雪入窗棂"，暗示抵御严寒的心境。特别是在朱熹去世、朝廷明令不得纪念之时，是陆游和辛弃疾这两位文坛泰斗挺身而出，他们的悼友表现和悼亡祭文在当时显得极其难能可贵。

陆游寄出悼文："某有捐百身起九原之心，有倾长河注东海之泪。路修齿耄，神往形留。公殁不亡，尚其来飨！"

辛弃疾哭于灵前："所不朽者，垂万世名。孰谓公死？凛凛犹生！"

其实，在朱熹生前，辛弃疾的《寿朱晦翁》即对他作出评价："历数唐尧千载下，如公仅有两三人。"辛弃疾对朱熹的评价之高和认知之深，当时无人可及，在朱熹名声大噪之前可谓振聋发聩。

武夷山水间，朱熹、陆游、辛弃疾三人的相遇相知，像茶灶的仙翁遗事一样，值得永久回味，永久传颂。

左宗棠与林则徐：
一面之缘　终身践诺

叁

　　2022 年是左宗棠诞辰 210 周年。作为晚清中兴四大名臣之一的大人物，左宗棠不仅创办福州马尾船政，缔造中国近代海军的摇篮，还收复新疆，为清政府夺回大片国土。而这一切，都是秉承其福州恩师林则徐的嘱托。

　　左宗棠是湖南人，一生却和福州有着千丝万缕的联系。1885 年，左宗棠在福州逝世。2012 年，在福州南公园，人们建起左宗棠纪念馆，和林则徐纪念馆一南一北，遥相呼应，作为对两位民族英雄最好的纪念。

┌ 林则徐（闽智 / 供图）
→（左）
┌ 左宗棠（陈悦 / 供图）
→（右）

□ 一面之缘，林则徐托付重任

林则徐，中国"开眼看世界第一人"，其虎门销烟的壮举为世人所熟知，其名句"苟利国家生死以，岂因祸福避趋之"更成为无数后来者激励自己的座右铭。

左宗棠是福州马尾船政的创办者，又曾为华夏夺回六分之一国土，被梁启超誉为"五百年来第一伟人"。

林则徐与左宗棠未曾谋面以前就英雄惜英雄，而一场湘江夜话，促成两人亦师亦友的关系，更在某种程度上影响了中国近代史的进程。

福州人林则徐与湖南人左宗棠的故事，得从道光二十七年（1847）说起。

这一年，林则徐从新疆戍边归来不久，被任命为云贵总督，赴任时途经湖南，其长沙好友胡林翼极力向他推荐一位名叫左宗棠的湖南士子，说他是"湘中士类第一"。

对于胡林翼推荐的人选，林则徐十分看重，但由于事出匆忙，还是没能和左宗棠见上面。两年后，林则徐告病还乡，又一次途经长沙，双方终于得以相见。

两人约定在湘江林则徐乘坐的船上见面。去见林则徐时，左宗棠因为心情十分激动，还一脚踏空，掉进了水里。在江风吹浪的湘江之夜，神交已久但素不相识的两人相逢畅饮，放怀恳谈。林则徐对这位 37 岁的布衣秀士"一见倾倒，诧为绝世奇才"，期许良厚。左宗棠则把这位 65 岁的前辈名臣视为"天人"，崇重逾常。共同的经世抱负和情怀弥补了他们年龄和身份上悬殊的鸿沟，两人好似阔别多年的故人意外相逢。

两人秉烛而谈，直至天明，话题集中在海防与塞防两大主题。

┌《海国图志》封皮及内页
（林则徐纪念馆／供图）

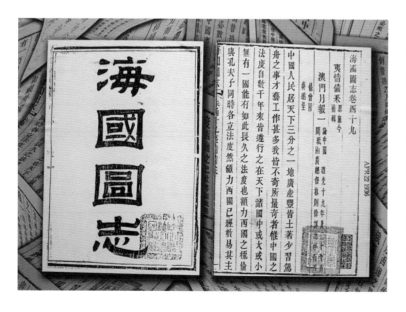

林则徐向左宗棠出示了一大摞译稿与图片，说自己在广东禁烟期间，就曾组织十多位译手幕僚，专事翻译外国文献资料，内容包括地理、文化、风情、科技和政治法律，准备结集刊印（后由魏源编成《海国

图志》)。他还透露，自己晚年的心愿是卸甲回乡，办西式学校，为国家建立水师奠定基础。

谈及塞防，林则徐将自己在新疆收集的地图、文书资料悉数交给左宗棠，希望他将来治疆时能有大作为。他勉励左宗棠要像诸葛武侯那样，从外敌手中收复疆土。

分手时，林则徐书赠对联一副："此地有崇山、峻岭、茂林、修竹，是能读三坟、五典、八索、九丘。"上联写湘江夜话处的美丽景色，下联抒发阅尽古籍经典的豪情。

湘江夜话，两位英杰匆匆一面，无意间埋下了许多历史的伏笔。

□ **赴任福州，完成恩师遗愿**

偶见一面，左宗棠与林则徐的缘分尚未结束，他与福州的缘分也刚刚开启。

1850 年，林则徐不幸去世。临终前，他命次子林聪彝代书，向咸丰皇帝举荐左宗棠，称其为"绝世奇才""非凡之才"。左宗棠骤闻噩耗，失声痛哭，之后擦干眼泪，决意全身心地投入林则徐未竟的事业中。

同治五年（1866），湘江夜话 17 年后，左宗棠终于以闽浙总督的身份来到福州。这是左宗棠第一次来到林则徐的家乡，他立志要完成恩师遗愿。

他在福州新美里（今福州南后街黄巷）设立正谊书局，重刊《正谊堂全书》以教化生徒；在凤池书院（今福州一中初中部）考察时，写下"景行维贤"匾额，以训勉师生；为改革不良风俗，作《谕闽六禁》，不准民众开场聚赌和械斗等；在耿王庄（今福州南公园）设立桑棉局，办起缫丝厂、纺织厂，重塑福州"丝城"形象，再现"彩缎光华"。

福州是滨海之城，左宗棠在这里任职，更加坚定地想要完成恩师关于建设海防的嘱托。他决意兴办海军学堂和制造船只，以巩固国家海防力量。

奏议迅速得到朝廷批准，左宗棠找到法国人日意格等人，帮助招募教员，并在马尾选址，购地 200 亩，准备建设造船厂，还决定设立求是堂艺局（即技工学校），培养造船技术人才和海军人才。

左宗棠设立的桑棉局（今桑柘馆）（左宗棠纪念馆／供图）

一切正在紧张的筹备之中。然而，这时西北告急，同治皇帝连下几道圣旨，催促左宗棠赴西北靖边。左宗棠处在两难之中，忧心如焚。实业兴邦和保卫边疆都是恩师林则徐的嘱托，事涉民族大义，然而却分身乏术。

　　挑选一位合适人才接替自己手头的工作，完成兴办船政的事务，成了左宗棠心头最着急的事。关键时刻，他想到一个人——回榕丁忧的江西巡抚、林则徐的女婿沈葆桢。

└ 船政建设规划图
（清代舆图）（陈悦 / 供图）↗
└ 马尾船政鸟瞰图
（左宗棠纪念馆 / 供图）
→

□ 重回福州，巩固台湾防务

1884 年，左宗棠以钦差大臣身份重回福州，为的是处理中法马江海战事务。

福州官绅士民听到左宗棠即将回来的消息，都欢欣鼓舞。左宗棠抵达福州时，全城官员聚集在洪山桥接官亭迎接，士绅和老百姓则在浙绍会馆迎候。据记载，当时盛况空前，左宗棠一路所过之处，街坊店铺都摆设香案，放炮燃香，百姓扶老携幼，争先快睹者以数万计。

在回福州之前，凭着林则徐给他的边疆资料，左宗棠已完成恩师关于塞防的嘱托。他治理西北时，禁种罂粟，禁运鸦片，指挥军队兴修水利，开凿坎儿井，种桑种稻，都是遵从了林则徐的建议。

左宗棠一到福州，便来到林则徐墓前，向恩师汇报平定新疆的喜讯，以战功告慰英灵。他在福州积极布防，组织军队东渡台湾，抵抗法国侵略军。弥留之际，他仍念念不忘台湾宝岛的长治久安，在病榻边上疏奏请台湾设立行省，并推举福建巡抚刘铭传为台湾首任巡抚。

清光绪十一年（1885）九月五日，福州电闪雷鸣，风雨如磐，大雨下了一夜。当晚，左宗棠在皇华馆行营（现福州三中附近）去世，终年74岁。

└ 福州南公园左公祠纪念碑（左宗棠纪念馆/供图）

左宗棠逝世的消息传出以后，举国震惊。福州"城中巷哭失声""全城百姓闻宫保噩耗，无不扼腕深嗟，皆谓朝廷失一良将，吾闽失一长城""一时营斋营奠，倍深哀痛"。

"数千里荡节复临，水复山重，半壁东南资保障；亿万姓轺车争拥，风清霜肃，十闽上下仰声威。"福州人民用这副挽联寄托对左宗棠的无尽哀思。林则徐以自己的

福州左宗棠纪念馆大门（左宗棠纪念馆／供图）

独到眼光成就了左文襄公的万世英名，而左宗棠也以自己的行动赢得福州百姓的爱戴，实践对恩师的承诺。

每逢假期，位于福州澳门路的林则徐纪念馆总有不少市民游客带着孩子前来参观，展馆里展示的林、左二公往事吸引着人们的关注。如今，在林则徐纪念馆的南面，福州市台江区路通街18号，占地面积680平方米的左宗棠纪念馆已修葺一新，展示左公的生平事迹，特别是他在福州的事迹与贡献。

"现在福州北有林则徐纪念馆，南有左宗棠纪念馆，遥相呼应，这是对两位民族英雄的最好纪念。"福建省文史研究馆原馆长卢美松说。在他看来，两位民族英雄的交往是民族和国家的幸事，也激励着当下国人努力奋斗，早日实现中华民族的伟大复兴。

作　　者：陈　坚

向海图强的船政

探索与时代传承

新航母，名"福建"！

这是中国完全自主设计建造的首艘弹射型航空母舰，采用平直通长飞行甲板，配置世界先进的电磁弹射和阻拦装置，满载排水量八万余吨。

消息传来，福建全省一片欢腾。一批船政研究者、"军迷"冒雨赶往马尾昭忠祠，用这个消息告慰近代中国海军烈士。

位于福州马尾马限山东麓的昭忠祠同时供奉着甲申、甲午海战殉国将士牌位，是中国唯一的近代海军烈士纪念专祠。习近平在《〈福州古厝〉序》中这样写道："当我们来到马尾昭忠祠，它正语气凝重地向我们叙谈福建水师遭到法国军舰突袭奋起反抗的悲壮历史。"

不止是马尾昭忠祠，福建作为中国近代海军的摇篮，与中华民族向海图强的奋斗历程息息相关。156年前，正是在这里，船政诞生并演绎了中国近代史上一段波澜壮阔的岁月……

┌ 福州马尾昭忠祠奉祀着 736 位福建水师将士英灵（叶诚／摄）

你未必知道的福建

046 - 047

┌1"福建舰"下水命
名仪式现场（视觉中国 /
供图）
┌2 船政衙署旧影
（中国船政文化博物馆 /
供图）
┌3 左宗棠（1812—
1885），字季高，湖南
湘阴人，1866 年在闽
浙总督任上创办船政
（中国船政文化博物馆 /
供图）

1	
2	3

□ 中国近代海军从这里起航

　　1850 年 1 月 3 日，65 岁的林则徐在告病还乡途中，与左宗棠相会于湘江之畔，向这位后辈表达了希望他为中国建设起强大海防的愿望，史称"湘江夜话"。

　　其实，左宗棠早年通过潜心阅读魏源所著《海国图志》，对海权的重要性早有深刻认识，深受林则徐、魏源等人经世致用思想影响。但他一直在内陆任职，始终没有接触海防建设的机会。被任命为闽浙总督后，左宗棠于 1866 年奏请说服清政府开办船政，提出"防海之害而收其利"，还命红顶商人胡雪岩协助开展筹款和选址等事宜。

┌ 沈葆桢（1820—1879），字幼丹，又字翰宇，福建侯官（今属福州市）人，进士出身，首任船政大臣，晚清时期重要的政治家、军事家、外交家，中国近代造船、航运、海军建设事业的奠基人之一（陈悦／供图）

正当左宗棠积极筹备船政建设时，西北军务紧急，清政府下令将其调任陕甘总督。调任前，为了避免保守派将新生的船政掐灭在萌芽状态，左宗棠将船政从民政中独立出来，成立船政衙门，归属朝廷中央，并力荐才干过人的前江西巡抚沈葆桢出任船政大臣。沈葆桢，1820 年出生于福州，是林则徐的外甥兼女婿，执掌船政后，他全力开展各项工作，使船政筹建大获成功，故后人评价"船政创于左宗棠，成于沈葆桢"。

短短几年时间，福建马尾成为近代远东规模最大、科技能力最强的造船产业基地。在其历史上，船政取得了诸多开创性的成就：建成

┌ 建设中的船政全景，右方及右下方外围的洋员寓所、学堂、考公所等建筑已经成形，中央的主厂区还是一片大工地（中国船政文化博物馆／供图）

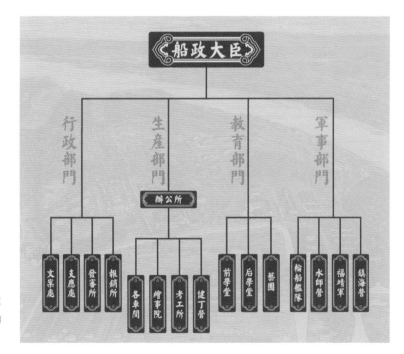

┌ 船政内部机构示意图（中国船政文化博物馆／供图）

了中国最早的千吨级蒸汽动力军舰"万年清"号、亚洲国家第一艘自造巡洋舰"扬武"号、中国第一艘全金属结构军舰"开济"号、亚洲第一艘自造大型装甲舰"平远"号、中国第一艘自造大型客船"宁绍"号……

左宗棠、沈葆桢非常重视人才培养，全面引入西式教育，开办船政学堂，育才强邦。李鸿章评价福建船政学堂"闽堂为开山之祖"。从船政学堂走出邓世昌、刘步蟾、严复、詹天佑、陈季同、罗丰禄、高鲁等一大批军事、思想、外交、科技人才。

	港口	舰名
船政舰船在近代中国沿海港口的分布	奉天营口	"湄云"
	直隶天津	"镇海"
	山东烟台	"飞云"
	浙江宁波	"伏波"
	福建马尾	"扬武" "万年清" "福星" "建威" "长胜" "华福宝" "福源"
	福建厦门	"靖海"
	福建台湾	"海东云"
	广东广州	"安澜"

┌ 1872 年，船政建成亚洲国家第一艘自造巡洋舰"扬武"号（中国船政文化博物馆/供图）→

┌1 中国最早的千吨级蒸汽动力军舰"万年清"号，其后方是一艘"伏波"级军舰（陈悦／供图）

┌2 组建时间略晚于船政舰队的南洋水师，其主力军舰和骨干技术军官大多来自船政学堂（陈悦／供图）

┌3 广东水师轮船部队，其主力军舰均由船政建造（陈悦／供图）

┌4 1875年筹建、1888年正式成军的北洋海军，其高级军官基本来自船政学堂（陈悦／供图）

┌5 严复等船政留学生在英国格林威治皇家海军学院门口合影（陈悦／供图）

在甲午海战中，邓世昌和他的同窗们指挥军舰与侵略者激战，上演了"船政一校一级而大战日本一国"的悲壮史诗。在最后关头，邓世昌的"致远"号和林永升的"经远"号一如中法马江海战中的"振威"号一样，换下已经打烂的战旗，举行了最后升旗仪式，发动决死冲锋，为中国人民反对外来侵略的抗争史增添了一抹顽强不屈的底色。

□ 海军航空在这里孕育

船政最早是培养海军人才、造军舰、建海军的地方。到了民国时期，由于经费紧张，船政人想到"弯道超车"的办法——造水上飞机、"土航母"。海军航空由此走上了历史的舞台。

1915 年，陈兆锵（福建福州人）调任福州船政局局长，兼福州海军学校校长。1918 年，世界第一艘航空母舰"百眼巨人"（HMS Argus）入役英国皇家海军。同年，陈兆锵在福州船政局内设海军飞机制造工程处（后更名为马江海军制造飞机处）和海军飞潜学校，使其成为近代中国第一个系统的飞机制造和航空教育机构。

时任海军总长刘冠雄是福建闽县（今属福州市）人、船政学堂毕业生。在第一次世界大战中，军用飞机首度出现在战场上，刘冠雄意识到其军事价值，认为以中国当时的实力，造大军舰既没有钱，也没有能力，而飞机单价较低，所需配备的人员不多，却能以小博大。为此，

┌1 1937 年末，马尾开始遭到日军飞机轰炸，海军
学校内迁，于 1938 年辗转迁徙到贵州桐梓继续办学，
以保持海军薪火不灭，合影中可见海军学校当时的校
训——雪甲午耻（中国船政文化博物馆／供图）
┌2 马江海军制造飞机处（中国船政文化博物馆／供图）
┌3 海军飞机制造工程处设计、建造的第一架飞机
"甲型一号"（陈悦／供图）

他主张发展海军航空。

经刘冠雄力推，毕业于美国麻省理工学院航空工程专业的巴玉藻（回国前为美国寇提司飞机厂总设计师）、王助（回国前为美国波音飞机制造公司第一任总工程师）、曾诒经（回国前为美国寇提司飞机厂航空动力学专家）三人分别被任命为海军飞机制造工程处主任及副主任。从这时开始，船政工业制造领域扩大到了飞机制造，先后制造了"甲""乙""丙""丁""戊""己"等机型。其中，"甲型一号"水上教练机是中国首架自制飞机。

┌ 1922年由马江海军制造飞机处设计、上海海军江南造船所建造的"土航母"——水上飞机浮站（陈悦/供图）↑
┌ 马江海军制造飞机处员工在自己建造的飞机前合影（陈悦/供图）↘

在飞机建造惊喜不断的同时，一艘"土航母"也随之出现。1921年，为了解决水上飞机远距离作战时的中继维护问题，马江海军制造飞机处设计了水上飞机库（浮站）。浮站建造工作交给位于上海的海军江南造船所负责。当时江南造船所所长刘冠南是海军总长刘冠雄的三兄，也是福州人，他出任江南造船所所长的近十年间，江南造船所实现了中兴。1922年，水上飞机浮站建成，随即被拖航到长江中游，成为海军航空兵的水上飞行基地。

这艘水上飞机浮站是世界海军史上第一艘浮动机库，上面设有飞行员宿舍、飞机修理车间、油库等配套设施，水上飞机在水上起降，通过开关水闸、蓄排水方式让水上飞机进出浮站并实现补给、维修等保障。第一艘浮动机库较小，一次只能搭载一架水上飞机，后来江南造船所还建造了能同时搭载两到三架飞机的母船——"德胜"号和"威胜"号。

□ 向海图强的薪火从这里传承

虽然福建船政所培养的人才历经中法马江海战、中日甲午海战而菁华凋零，但船政的薪火仍然传承不绝。船政学堂的教学人才辗转迁移，教育模式也传播到天津、烟台、江南（南京）、黄埔（广州）等地，衍生出了近代一座座著名的海军学校。中国近代海军历任海军总长、海军总司令以及中高阶军官大多是福州籍人士，抑或毕业于由船政教育衍生而来的海军学校。比如，自民国初年到抗日战争时期，从萨镇冰到陈绍宽一连十余位海军总长、海军总司令均为福建籍，中国近代海军"无闽不成军"成为一种独特的现象。

陈绍宽，少年家贫，得到萨镇冰接济，后以全班第一的成绩毕业于江南水师学堂。第一次世界大战爆发后，北洋政府海军部派出由海军少校陈绍宽等人组成的中国观战团远赴欧洲，先后考察、参观了英国、法国和意大利海军。中国对德国、奥地利宣战后，陈绍宽还奉命直接加入英国的潜艇部队，并参加了三场海战。

在达达尼尔海战中，英军一架水上飞机从航空母舰出击，将一艘排水量为5,000吨的敌舰送入了海底。飞机的出现使海战的模式开始发生剧变，陈绍宽看在眼里。后来他担任国民政府海军部部长，多次提出宏伟的航母建造计划。1928年，陈绍宽撰写《条陈扩充海军呈文》，

┌ 萨镇冰（1859—1952），字鼎铭，祖籍山西代县，出生于福建福州（中国船政文化博物馆／供图）→（左）
┌ 陈绍宽（1889—1969），字厚甫，福建闽县（今属福州市）人（中国船政文化博物馆／供图）→（右）

提出了建设发展海军的若干条建议，其中就提到"（添造）航空母舰一艘，约须 2,000 万元"。因此，陈绍宽被认为是中国提出建造航母具体计划的第一人。

"海军是国家的海军""海军不打内战"是萨镇冰等船政人始终坚持的理念。抗战胜利后，陈绍宽因拒绝率海军参加内战，愤而辞职。

1949 年 4 月 23 日，中国共产党领导的人民海军在江苏泰州白马庙宣布成立。同日，同样不愿参加内战的福州籍海军将领林遵（林则徐侄孙）率领国民党海防第二舰队"惠安""永绥"等 9 艘军舰和 21 艘各型艇只、官兵 1,271 人在南京笆斗山江面宣布起义，紧密配合并加

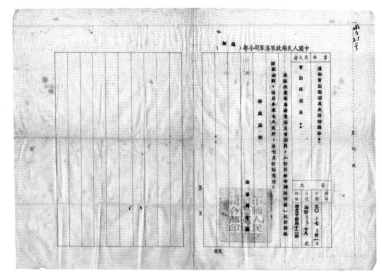

中华人民共和国成立后，人民解放军海军司令部聘请原民国时期马江海军制造飞机处副主任、著名航空发动机专家曾诒经任海军研究委员会委员，此为当时颁发的待遇通知（中国船政文化博物馆／供图）

速了渡江战役的胜利，是解放战争中国民党海军最大规模的起义，被毛泽东、朱德盛赞为"南京江面上的壮举"，也标志着从船政一路发展而来的中国近代海军的新生。

中华人民共和国成立后，张鼎丞通过萨镇冰力邀陈绍宽复出，任福建省人民政府副主席、副省长、华东军政委员会委员等职务。陈绍宽对海军建设充满了感情，曾向中央建言，要建立强大的海军必须有强大的钢铁工业，此后还曾屡屡考察新中国的钢铁企业。

海军史专家、马尾船政文化研究会会长陈悦介绍，中华人民共和国成立后，福建省立高级航空机械商船职业学校航空机械专业的 98 名毕业生被调到航空工业部及下属的西安飞机制造厂、沈阳飞机制造厂等各工厂，成为技术骨干。在新中国自制第一架歼击机、第一台航空发动机等重要工作中，都有这些船政技术人员的身影。

□ "船"承延续百年蓝色梦想

今天的闽江口北岸，砖石铁木合构的船政马尾造船厂轮机车间仍屹立如初，无时无刻不在提醒人们，这里曾孕育着近代中国富国强兵的宏伟梦想，承载着向海图强的雄心壮志。

2022 年出版的《闽山闽水物华新——习近平福建足迹》一书详细记载了时任福建省省长习近平"救活"马尾造船厂的故事。2002 年在马尾造船厂调研时他曾强调："我们的造船工业要想真正发展好，还是要把重心放在提高技术水平上。""要着眼高精尖，解决国产化，掌握主

┌ 有着 150 多年历史
的轮机车间内景（欧阳
进权／摄）

1 罗星塔前的"同舟共练"船政人物雕像（欧阳进权／摄）

2 新型海上风电运维母船（福建省马尾造船股份有限公司／供图）

3 2022年1月，中国船政文化博物馆新馆开馆（池远／摄）

1	2
	3

动权。"

迈上新征程，新时代的福建船政人牢记嘱托，着眼高精尖，以技术含量高的海洋工程船舶为拳头产品，推进海工装备产业链与创新链深度融合。

2018年，福建省马尾造船股份有限公司承建的227米深海采矿船属全球首制，将各种船舶系统、专业采矿系统、生活生产保障系统有机整合，代表当今世界深海采矿作业领域的最新技术成就，在中国开拓深海采矿这一新领域发挥重要作用。

⌐ 载人潜水器支持保障母船"探索二号"科考船（福建省马尾造船股份有限公司 / 供图）

2020 年，由福建省马尾造船股份有限公司建造的"探索二号"科考船首航，这是全数配备国产化科考作业设备的载人潜水器支持保障母船，可支撑深海、深渊无人智能装备进行各项海试任务，是目前全球最大作业水深的作业型载人深潜科考装备。

2021 年，福建省马尾造船股份有限公司成功自主研发出新型海上风电运维母船。运维母船建成后，将与运输船、安装船共同组成海上风电的"航母舰队"，致力解决海上风电场的交通、运维及值守问题，并具有救助、应急等功能。

百年船政，临水扬帆，浪卷沧桑，再创辉煌。罗星塔七层八角，五十六处檐角下悬挂的风铃随风而舞，叮当作响，仿佛在演奏着中华民族向海图强的新乐章。

作　　者："闽人智慧"编辑部

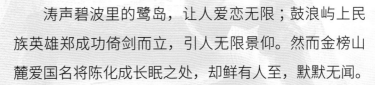

闽籍英雄陈化成

伍

涛声碧波里的鹭岛，让人爱恋无限；鼓浪屿上民族英雄郑成功倚剑而立，引人无限景仰。然而金榜山麓爱国名将陈化成长眠之处，却鲜有人至，默默无闻。

180 年前，一代爱国名将、民族英雄陈化成以身殉国。青山有幸埋忠骨，厦门梧村金榜山麓闹中取静处，一座平面呈"风"字形的三合土砖石构筑龟形坟丘安葬着英雄的遗骸。

墓碑上刻着"皇清诰授振威将军赐谥忠愍陈公……"的陈化成墓掩映在青松翠柏间，显得庄重肃穆。偶有慕名者或拜祭人前来参观和祭拜，定然会对墓前一对八角形望柱上的对联心生感叹："俎豆馨香荐忠良而易名两字，粤闽江浙垂功烈而炳节千秋。"

陈化成，中国近代史上与林则徐、关天培、葛云飞同侪并称的一代名将，不应随着 180 年的光阴而消逝，也不会如那阵飘散的战争硝烟般被人遗忘。你知道的和不知道的陈化成故事，都会在大地上留痕，在岁月中流传。

┌ 丙洲岛全景图（何东方／摄）↗
┌ 陈化成墓（福建省文物局／供图）←
┌ 陈化成像（厦门市博物馆／供图）↑

□ **戎马伴一生 故乡是同安**

金戈铁马征战一生，陈化成的故事开始于厦门同安湾的一个小岛渔村。

厦门同安丙洲岛，与宝岛台湾的金门岛隔海相望，呢喃相语。丙洲岛扼海口咽喉，为水路出入同安的必经之地。《同安文史资料》记载，作为同安湾最大的岛屿，古时金门、马巷和厦门岛内乘船到同安县城，都要经过此岛。

丙洲岛上的居民素以陈姓者居多，丙洲人亦被称为"丙洲陈"，世代多以耕作与捕鱼为生。

1776年4月29日，陈化成呱呱坠地，丙洲陈氏喜添第十五世孙。

如今，除了上海市宝山区临江公园树立吴淞口抗英民族英雄陈化成的雕像，在丙洲岛的东北部也矗立着一

尊陈化成雕像，雕塑家用了两百多块花岗岩巨石，雕塑出一个武勇刚毅、迎风前行、握鞘拔剑的高大英雄形象。

丙洲陈素以性格彪悍、侠肝义胆而闻名遐迩，陈化成生长在这样的土壤环境中，从小喜欢上了读史书、论英雄，常读常听伏波将军和岳飞将军的故事而不厌，对于他们的英雄气概十分敬仰。

陈化成水性好，武艺精，22岁入伍清军水师，曾率部队驻防台湾、金门，历任把总、千总、参将、副将、总兵等职，一路擢升至金门总兵。

数十年间，陈化成追随清代水师名将李长庚、王得禄征战南北，英勇果敢，屡立战功，被李长庚称为"名将才"。

□ **严查禁鸦片 慷慨赴疆场**

同安早在晋太康三年（282）开始置县，历史悠久，人才辈出，吴（黄）升、陈伦炯、胡贵、林君升、吴必

达……这些清代水师提督皆出自同安，成为中国海军史上一道亮丽的风景。陈化成是同安籍水师提督当中的佼佼者，清道光十年（1830），陈化成被提拔为福建水师提督，驻守厦门。

鸦片战争爆发之前，常有外国鸦片走私船出没中国东南沿海，甚至明目张胆地进行武装走私。陈化成到任福建水师提督后，督率水师，认真巡逻，严行堵截。

1840年，鸦片战争爆发。清政府为加强江南防务，特任命陈化成为江南提督。此时的陈化成已是年届65岁的老者，依然置个人生死于度外，临危受命，统率兵马驰赴上海吴淞口，部署抵御英军大计。

吴淞口系长江咽喉，历来为兵家必争之地，战略地位十分显要。陈化成到任刚五天，即亲赴吴淞口视察，

陈化成抗击英国侵略军事迹连环画（厦门市博物馆／供图）

加紧部署防务，建立铸炮局、火药局，亲率军民挖战壕、筑碉堡，使吴淞口海防要塞的设施得到加固和完善。

1841 年 8 月 26 日，英国舰队攻陷厦门。家乡沦陷噩耗传来，僚属都为陈化成的家眷担心，陈化成仰天长叹："毁家不足忧，特恨未能速剿英夷耳！"其为国忘家的赤子之心深深地打动并鼓舞着全体将士。

1842 年 6 月 16 日清晨，英国侵略军出动所有舰船，疯狂地向吴淞口发动炮击。大战在即，陈化成对官兵们说："我今日极力用兵，欲以死报国恩，汝等幸助我全忠节焉！"说罢，昂首走出军帐，擎起一面旗帜，登上火炮阵地。

陈化成带领亲兵数十人，坚定守卫孤立无援的西炮台阵地，燃放数千发炮火，重创英国侵略者的舰队。然

┌ 《表忠录》卷一道光皇帝谕祭文
（闽智／供图）

而终因力量对比悬殊，弹药补给不足，自身伤亡惨重。陈化成身上多处中弹负伤，最后率领将士与蜂拥而至的英军展开白刃战，战斗到最后一息，壮烈殉国。

战火的硝烟渐渐散去，陈化成牺牲后十余日，嘉定县令才找到英雄遗体，取出数十块弹片后为其入殓，并将灵柩运回故土。

灵柩起运归乡时，嘉定当地民众和沿途士民数十万动情哭奠，场面感人至深。清道光皇帝得知陈化成抗英阵亡，深为痛惜，先后诰封陈化成为振威将军、建威将军，在其故乡与殉难处各建专祠，赐谥"忠愍"。是年农历九月，故乡人民把他的遗骸安葬于厦门梧村金榜山麓。

□ 风雨同甘苦 清风颂廉吏

陈化成不仅作战英勇，而且为官清正。据《清史稿》记载，陈化成"与士卒同劳苦，风雨寒暑不避"。

其时，清王朝的腐败至极让海防漏洞百出，岌岌可危，厦门等沿海各处海防营寨汛口城墙失修，军械废旧。陈化成就任福建水师提督后，着手加强整顿，陆续修葺营盘寨栅，让士兵不受风吹雨淋，朝廷拨下的兵饷皆如数发放给官兵。

官兵得到正常供给，军心安定，纪律好转，军清监察御史陈庆铺在陈化成去世后为其题写诗文，也称其为"陈老佛"：君不见，陈老佛，手执红旗呼战士，以一当十皆奋起，炮声人声震百里；夷人当之皆披靡，火轮辟易不敢驶（厦门市图书馆／供图）

械也得到及时添置和养护，福建水师面貌焕然一新。1840年，陈化成调任江南水师提督，赴任时，他不先入官署，而是直接到了吴淞口防地。在吴淞，他不住舒适的提督公馆，却与士兵一样住在一顶旧帐篷里。

江苏巡抚梁章钜得悉此事，对陈化成十分敬佩，派人赶做了一顶新帐篷送给陈化成，未料遭到他婉言谢绝："士兵都住着破帐，我不忍独居新帐。"陈化成这一番话让梁章钜更加感动，干脆来了一次大动作，为吴淞口军士全部换了新帐房。

严于律己，体恤官兵，廉洁奉公，爱惜百姓，陈化成赢得了广大官兵和百姓的爱戴与拥护，追随者众。军民一致赞誉陈化成对敌人是"陈老虎"，对士兵和百姓是"陈老佛"。

大清之末，浊世阴霾。然而，总有一些气节凛然者遗世独立，逆势而行。如林则徐"苟利国家生死以，岂因祸福避趋之"，又如陈化成"丹心未报千秋恨，白发惟余一剑知"。

陈化成一生治军严明，为官廉洁，克己奉公，生活

上更是十分俭朴。他任福建水师提督时，还兼管台湾、澎湖防务，循例每隔两年出巡台湾一次。道光十三年（1833），陈化成出巡台湾，舟师过处，轻车简从，毫不扰民，严拒铺张迎送，与以往提督出巡兴师动众的场面形成鲜明对比，官民赞其为"廉将"。两江总督牛鉴驻师上海，想笼络陈化成，也被其婉言谢绝。

陈化成吃的是粗茶淡饭，住的是普通民房，即使是升任提督后，也只是将家眷移至厦门中山路附近的草埔埕（今草埔巷）9号。这座砖木结构的平房总面积只有130多平方米，门窗朴素，别无雕饰，与普通民居几无差别，唯有从门外竖着的那对旗杆石可以看出这是高官府第。

陈化成会将节省下来的俸银用来捐助书院、义塾、

育婴堂等社会慈善机构。兴泉永道周凯曾向陈化成提议修纂《厦门志》，陈化成当即表示大力支持。可惜《厦门志》编纂出来后没有刊行，因为周凯已调台湾道，客死他乡，陈化成便用自己的俸银资助刻印《厦门志》。

┌ 同安区丙洲陈氏祠堂（何东方／摄）↑
┌ 厦门市陈公祠（福建省文物局／供图）↘

厦门玉屏书院与文昌祠等建筑年久失修，破损荒废，陈化成曾先后带头捐款重修。长忆英雄泪满襟，所幸，人们对于陈化成的纪念与称颂不仅可以从诗文中寻觅，还可以在历史遗迹遗存中印证。著名的社会活动家和书法家赵朴初先生就曾题诗赞陈化成："桃花红雨英

雄血，碧海丹霞志士心。今日神州看奋起，陵园千古慰忠魂。"

在厦门市同安区丙洲有一处陈氏宗祠，保留着陈氏大祠堂、陈化成祖屋、道光皇帝亲题的"提督忠臣"金匾等文物古迹。在厦门市思明区，有全国重点文物保护单位陈化成墓、厦门市文物保护单位陈公祠、厦门市涉台文物陈化成故居等重要文化资源。在上海，有化成路、陈公祠、陈化成纪念馆等。在台湾，有化成路、化成里等。这些都蕴含了后世对于这位民族英雄的追思与敬仰。

天地英雄气，千秋尚凛然。陈化成将军坚贞忠诚、舍生取义的爱国情操，勤政为民、廉洁奉公的高尚品格，可歌可泣、辉映千秋的英雄事迹，为英雄故土长留一股清风正气，为中华民族永存一份精神瑰宝，更为实现中国梦汇聚踔厉奋进、砥砺前行的磅礴力量。

作　　者：傅柒生

福建知识分子与百年商务印书馆

陆

　　1897 年，商务印书馆创办于上海。创立之初，正值中国岁月动荡、风雨飘摇。在这样艰难的时局之下，商务印书馆竭力继承中华文化，积极传播海外新知，办教材、出杂志、印古籍、译新书，在夹缝中探索着"开先启智，守正出新"的道路，对近现代新思想、新文化、新学说的传播贡献巨大，因而与北京大学一起被誉为"中国近代文化的双子星"。

　　然而，鲜为人知的是，无论是较早在福州设立分馆，还是一批批福建人接续参与其出版、发行、编译以及经营管理，商务印书馆与福建都有着千丝万缕的联系，成为独特的文化现象。

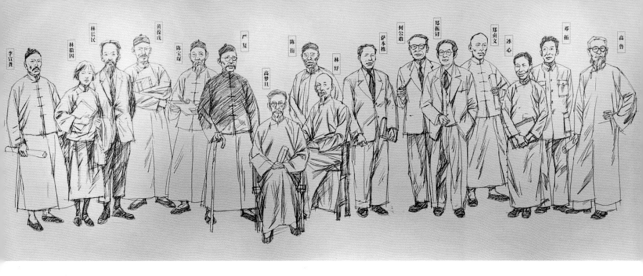

┌ 来自福州的"商务人"（商务印书馆福州分馆 / 供图）↑
┌ 20 世纪 30 年代初商务印书馆上海总公司全景（商务印书馆福州分馆 / 供图）↓

□ **福州分馆是商务印书馆较早的分支机构之一**

　　1906 年 5 月，商务印书馆在繁华的福州南大街（今三坊七巷主街）花巷设立分馆。福州分馆是商务印书馆在全国较早设立的分馆之一（商务印书馆在福建设立的另一个分支机构是厦门分馆），也是当时省外出版发行机构在福建设立的首家分支机构。福州清末举人高向瀛参与筹办福州分馆，并成为首任经理，因此被誉为"福州分馆的拓荒者"。

　　据《福州市志》记载，商务印书馆福州分馆刚开办时职员仅十余人，年营业额十余万银圆。至 1933 年，人数发展为 28 人，年营业额达 30 万银圆。

　　福州分馆以发行教科书为主，其次是销售商务版的各类图书、画册，兼营文具、仪器和原版外文书籍。图书主要来自上海总馆，并通过批发、代理等形式发行到闽东和闽北。福州分馆也协助总馆协调沟通与闽籍或闽地作家之间的业务联系。

抗日战争期间，由于运输需要，福州分馆曾在南平设立办事处，中转各地运来的图书。福州二次沦陷时，馆中大部分人员撤往永安，并在那里设立分销处。抗战胜利后，全体人员重新迁回福州。

□ 商务印书馆中的闽籍知识分子

在商务印书馆 100 多年的发展历程中，特别是在早期阶段，来自福建的知识分子群体发挥了至关重要的作用。1931 年，在商务印书馆供职 30 年的元老庄俞做过统计，该年商务印书馆总馆中福建职员共 45 名，位列江苏、浙江、安徽之后的第四位，而且来自福建的知识分子大多位居要津。可以说，福建知识分子之于商务印书馆，不仅参与者众多、持续时间长，而且贡献亦是最大之一。

在这些闽籍知识分子中，高梦旦可谓灵魂人物。高梦旦历任商务印书馆国文部部长、编译所所长、出版部部长等。他为人严谨持重，求真务实，思维敏锐，对时局的判断高人一筹。当时主持商务印书馆总馆的张元济常与其商谈要务，倚为左膀右臂。

20 世纪初，高梦旦把握国民教育发展动态与方向，提出以分科编辑的方法编写《最新国文教科书》并付诸实施。1904 年底，商务印书馆出版了中国第一套小学国

┌ 高梦旦（1870—1936），名凤谦，字梦旦，福州长乐龙门乡人（商务印书馆福州分馆／供图）

文教科书——《共和国教科书——新国文》，开辟了具有学科意义的语文教科书的历史新纪元。而后高梦旦又建议张元济出版《新字典》和《辞源》，并亲自参与编写工作，两本工具书开创了中国近代出版工具书的先河。

张元济、高梦旦始终主导着商务印书馆的教科书出版工作，编写出版的新教材盛行了十余年，常立行业鳌头，奠定了中国近代教育教科书的基本格局，也为商务印书馆确立了"昌明教育、开启民智"的发展宗旨。

此外，作为商务印书馆的高层人物，高梦旦虚怀若谷，举才纳贤，提携后进，为商务印书馆举荐了大批有用之才。出版史专家汪家熔评价高梦旦"因思维周密，断事虑无不中，故总公司凡遇重大进退，皆取断于高，

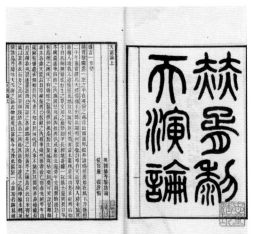

┌ 严复（1854—1921），近代著名的启蒙思想家、翻译家、教育家，福建侯官（今属福州市）人（商务印书馆福州分馆／供图）↑（上）

┌《天演论》书影（商务印书馆福州分馆／供图）↑（下）

张元济视之如左右手；人称之为参谋长"，其在商务印书馆的地位与威信可见一斑。

□ 闽籍作家是编译典籍的中坚力量

商务印书馆倡导新思想、新学术，译介西方典籍是其重要创举。在商务印书馆下设的印刷所、编译所、出版所之中，以编译所最为重要，是编译典籍的核心。编译所在近代鼎盛时期下设 20 多个部，职员多达数百人，成为当时中国规模最完备、社会影响力最大的编译单位，而此时编译所的所长正是高梦旦。此外，编译所还广泛吸纳当时社会上的学术精英，其中不乏优秀的福建籍编辑出版人。

值得一提的是，来自福建的编辑出版人在近代中国典籍编译上的贡献不仅表现在自身的严谨敬业，还表现在他们为商务印书馆吸引了一批极富才情学识的闽籍作者。其中最为人熟知者就是严复和林纾，二人均是福州人。

近代著名的启蒙思想家、翻译家、教育家严复在甲午战败的关头创办《国闻报》，翻译刊发《天演论》，系统地介绍西方民主和科学思想，给当时的中国社会带来了振聋发聩

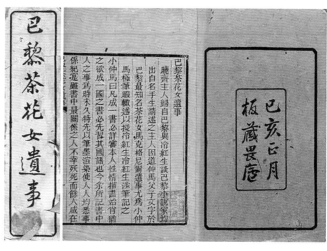

┌ 林纾（1852—1924），
近代文学家、翻译家，
福建闽县（今属福州市）
人（商务印书馆福州分
馆／供图）↑

┌《巴黎茶花女遗事》
译本（商务印书馆福州
分馆／供图）↗

的影响。从 1903 年开始，严复的译著开始由商务印书馆刊行，《严译名著丛刊》等相继出版。1904 年商务印书馆出版发行严复著述的《英文汉诂》一书，在中国首开汉字横排制版的先河。其翻译的《天演论》更是风行全国，从 1905 年到 1927 年共印行了 32 版，对当时的知识分子产生了重大影响。

近代文学家、翻译家林纾与同为福州人的翻译家王寿昌合作，以《巴黎茶花女遗事》译本开始了他迟来的丰硕著译生涯。在此后的 27 年里，他用一腔爱国热血挥就了百余篇针砭时弊的文章，完成 40 余部著作，翻译了180 余部西洋小说，其中仅由商务印书馆出版的"林译小说"就达百余种。

可以说，闽籍作家是近代中国典籍编译的中流砥柱。正如曾任商务印书馆编译所理化部负责人的郑贞文在回忆时所说："早期商务所出文哲政经等书刊，福建的作家

却占相当地位，主要的原因是因为高氏兄弟和当时福建
人士如严复、林纾等有同学同年的交谊，鼓励他们写作
以丰富稿源。"

□ 新文化中的闽派力量

期刊是商务印书馆影响近代思想文化的重要阵地，
其发行的期刊如《东方杂志》《小说月报》《教育杂志》
等，积极传播近代学术思想，引领国内思想文化教育新
思潮，在近代中国具有广泛而持续的影响。

在商务印书馆创办数十种期刊的过程中，福建人发
挥的作用亦不能忽视。1911 年，商务印书馆《法政杂志》
创刊，林觉民的堂兄，政治家、外交家、教育家、书法

家林长民参与了创办与编辑。1937 年，《文学杂志》由商务印书馆出版，林长民之女林徽因是编委之一，也是该杂志的主要撰稿人。此外，同样出生于福建闽县的心理学家、翻译家唐钺担任过《教育杂志》的主编。

其中，最为突出的当属郑振铎与他主编的《小说月报》。1921 年，祖籍福建长乐的郑振铎由茅盾（沈雁冰）介绍，入馆任编辑，次年创办中国最早的儿童文学刊物《儿童世界》。从 1923 年起，郑振铎任《小说月报》主编，他继承茅盾的改革精神，使《小说月报》成为文学研究会代用机关刊物，也成为倡导"为人生"的现实主义文学的重要阵地，一直到 1932 年因战火而停刊。

商务印书馆作为近代出版界的巨擘，在近代文化传播和塑造中扮演着先行者的角色，成为文化发展的风向

┌ 2021 年开业的商务
印书馆福州分馆（陈泽
扬／摄）↑

┌ 商务印书馆福州分
馆内景（商务印书馆福
州分馆／供图）↗

标。百年来，特别是在其创立发展的早期，商务印书馆所集聚的一批闽籍知识分子为其发展作出了不可磨灭的贡献。同时，商务印书馆也为闽籍知识分子参与现代出版实践、发出思想先声提供了平台，这些闽籍知识分子所表现出的精神气度对后人也是一笔宝贵的思想财富。

2021 年 4 月 23 日世界读书日当天，在福州市的大力支持下，商务印书馆与福建新华发行集团联手合作，使商务印书馆福州分馆得以在福州新区滨海新城重新开业。历经百年风霜雨雪，商务印书馆与福建再续前缘，文脉在此接续，历史在此交汇，福建人也将在新的时代继续开拓商务印书馆"开先启智，守正出新"的事业。

作　　者：李慧珍　陈伟浩

笔下有乾坤 壶中见精神
——报人与茶

柒

一个是中国最古老、最普通的饮品，衍生出的茶文化成为中国传统文化的重要组成部分；一个是能够折射出一个国家文化精神的新闻工作者——当报人遇上茶，茶香滋养了报人精神，报人则将茶文化演绎得分外瑰丽。笔下有乾坤，壶中见精神，报人笔端汹涌澎湃的不仅是对理想生活的追求，更是对中华民族伟大复兴的翘盼。

┌ 武夷岩茶核心产区之倒水坑
（郑友裕／摄）↑
┌ 创 刊 于 1872 年 4 月 30 日 的
《申报》（闽智／供图）↓

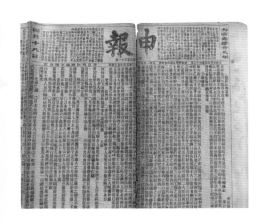

19 世纪末，世界茶叶格局发生了大洗牌，原本占据世界茶叶贸易总量 80% 以上的中国茶，遭遇了英国商人的阻击。他们一边向中国输入鸦片，一边想方设法在印度、斯里兰卡等地开辟新的茶叶基地。中国茶的垄断地位被打破，出口话语权就此丧失。

同样是在 19 世纪末，现代意义上的报纸作为舶来品，终于完成中国化的过程，并深刻影响着中华民族近现代史。

报人与茶的交集可不是"一杯茶，一张报"那么简单，其间的玄妙之处早已注定。

1872 年，《申报》于上海创刊，其创始

┌ 福建茶席（郑友裕／摄）

者英国人安纳斯托·美查最初来中国的目的是从事茶叶贸易，后来才转行办报。翻阅徐明新所著《福建新闻史（1645—1949）》，会发现在作为中国茶叶主产区的福建，报与茶的渊源同样匪浅。

1866 年以后的 20 年间，福州茶叶出口量超过广州、上海，成为全国最大的茶叶出口地，"各国船只驶闽运茶者遽呈争先恐后之状"。因此，早在 19 世纪 70 年代初，福建就出现了为茶叶贸易服务的《茶讯》（*Tea Information*）。

《茶讯》系周报，由福州英商天祥洋行、德商禅臣洋行联合其他经营茶叶的洋行创办，主要刊载福建与外商之间的茶叶贸易市场行情，此外，有时也报道外国人关心的时事消息和地方新闻。

在中国茶文化漫长久远的发展史上，历代文人最先培养起对茶这种饮品的独特情感。他们最先体会茶之神韵，同时不断丰富茶文化内涵，引领茶文化潮流。而报人不仅是文人知识分子，其职业还有特殊性——报刊作为面向大众的普及性读物，除了传递新闻信息，还在思想文化传播与公民教化方面发挥着不言而喻的作用，反过来又促进茶文化的发展和传播。

时代洪流奔腾，中国报业与茶业都走上了奋发自强的道路。

□ 茶香滋养报人精神

茶是绝佳的文化载体。一方面，琴棋书画诗酒茶，文人墨客皆以饮茶为雅趣。另一方面，柴米油盐酱醋茶，茶亦是普通百姓的"开门七件事"之一，是最平凡朴素的日常。在不少报人，尤其是福建报人的世界里，茶可谓如影随形，称得上是一个不可忽视的存在。

报业先驱、福建闽侯人林白水（1874—1926）笔致如大江奔流，他抨击时弊，为民请命，文风犀利，敢怒敢言，被誉为逢恶必顶的"独角兽"。

有一次他请朋友吃饭，发现口袋里没钱，于是说道："给我一盏茶的工夫。"便伏案疾书，一篇千言文章就搞定了。他让仆人将文章送去报馆、要现钱，然后请朋友吃

┌ 林白水，福建闽县（今属福州市）人，中国近代史上著名的记者、报人、新闻工作者（闽智／供图）

┌ 邹韬奋（1895—
1944），祖籍江西鹰潭，
1895 年出生于福建永
安，近代中国著名记
者和出版家（闽智 / 供
图）↑（左）

┌ 张天福（1910—
2017），福建福州人，
著名茶学家、制茶和审
评专家，被业界誉为
"茶学界泰斗"（闽智 /
供图）↑（中）

┌ 民国期间出版的
《生活周刊》（闽智 / 供
图）↑（右）

饭。一盏茶的工夫究竟是多长时间已无从考证，但从这句脱口而出的话中，可以推断喝茶定是他平日里的习惯。

饮茶可缓嗜睡，令人常醒觉，又因茶味清、性俭，被赋予正直、清廉以及开智明觉的象征意义。报人或与三五好友沏茶品茗、唇舌交锋，看不见的刀光剑影下，一篇篇振聋发聩、慷慨激昂的文章见诸报端，成为唤醒民族灵魂、沸腾爱国情怀的利器；或独坐书斋，轻啜慢品一盏清茶，在平展夷畅的心境中以新闻记者的眼光来洞察社会，用文字记录真实的社会百态。

茶叶可饮可食，茶香可浓可淡，但报人茶盏中荡漾的，是共同的家国情怀。一张报纸，往大了说可以影响一个国家、一个民族，从细微处看，可以改变一个人的人生轨迹。

出生于福建永安的邹韬奋是近代中国著名的记者、出版家，由他主编的《生活周刊》和先后创办的生活书店、三联书店，在 20 世纪三四十年代的中国影响很大。"求有裨益丁社会上的一般人"是邹韬奋的办刊宗旨，受

┌ 张天福和他发明的揉茶机
（武夷山融媒体中心 / 供图）

到这份裨益的，就有日后的"茶界泰斗"张天福。

在南京读书期间，张天福成为《生活周刊》的忠实读者，思想上深受其鼓舞和影响。他有一本伴随一生的《生活日记》，这是《生活周刊》对经常订阅其杂志的读者的馈赠，封面上烙印着他"立己立人，强国强种"的座右铭。

沿着自己订立的座右铭，张天福长期从事茶叶教育、生产和科研工作，为培养茶叶专业人才、创制制茶机械、提高乌龙茶品质、恢复和发展福建茶叶作出了重要贡献，晚年则致力于茶叶审评技术的传授和茶文化的倡导。

彼此滋养、互相成就，算得上报与茶之间的一段佳话了。

┌ 邓拓（1912—1966），福建福州人，当代杰出新闻工作者、政论家、历史学家、诗人和杂文家，虽写过"白开水最好喝"的文字，但其实酷爱喝茶，并且很讲究品茶（闽智 / 供图）←（左）
┌ 邓拓主编的《晋察冀日报》（闽智 / 供图）←（右）

广 福建嵛山岛采茶时节（闽智／供图）

□ 浮沉煎熬是必然

茶字拆开，就是人在草木间。老祖宗造此字，或许就是为了告诉人们"人生如茶，茶如人生"的道理吧。

人们常说，茶有三次生命：第一次来自茶农，第二次来自制茶师，第三次来自茶艺师。其实，这也是茶所经历的三次磨难。茶树在自然中栉风沐雨，砥砺风霜，还要抵抗杂草、病虫害的侵袭；采下后，或晒，或揉，或摇，或碰，或炒，或焙，历经磨练，从一片树叶变成一枚茶叶；成茶后，或煮，或煎，或泡，沉沉浮浮，接

<table>
<tr><td>1</td><td>2</td></tr>
<tr><td></td><td>3</td></tr>
</table>

「1—3 武夷岩茶手工制作：挑青、萎凋、摇青（郑友裕 / 摄）

受沸水的洗礼，再度丰盈饱满，鲜妍的色泽，沁人的芬芳，甘醇的滋味，重获新生。

都说浮生若茶，甘苦一念。人的一生，只有历尽浮沉与煎熬，才能沁出醇厚的滋味。

林清玄曾任台湾《中国时报》记者、主编、主笔，但或许，我们更愿意称他为一位很懂得"品茶品味品人生"的作家。

从三岁开始，林清玄就深受茶香的浸染。他的祖籍是福建漳州，一个盛行功夫茶的地方，其先祖于明末渡海迁台，到他已是第十三代。海峡两岸，同根同源，饮茶是闽台两地的生活日常，就像吃饭、喝水一样平常自然。

据林清玄描述，小时家中院子里有一张石桌，上置一把铸铁大茶壶，下面还有炉子。父亲和邻里乡亲耕作归来，常常围桌而坐，一人端一只小茶壶，对着壶嘴啜吸茶汤，酣畅淋漓。啜完茶，茶壶通常不会收起来，放着等次日母亲来整理。年幼的林清玄觉得大人们围在一起喝茶，有说有笑，茶壶里一定是好东西，便等大人们走了以后，把壶里剩下的茶汤喝干净。好奇也好，偶然也好，他与茶的缘分就此结下，纵贯于他六十余载的人生。

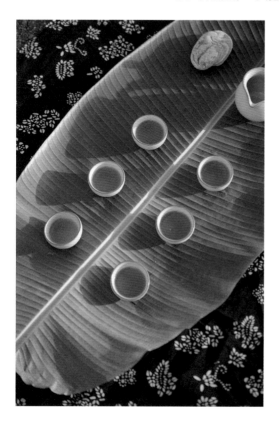

茶即生活（武夷山融媒体中心／供图）

生活，有柴米油盐酱醋茶，也有喜怒哀乐悲欢离合。有人品尝到的是甜蜜，有人品尝到的是苦涩。"我每天的生活就像一杯茶，大部分人的茶叶和茶具都很相近，然而善泡者泡出来更清香的滋味，善饮者饮到更细腻的消息。"在林清玄清新幽远、空灵流动的笔下，呈现的不只是满溢的茶香，还有他对人生的感悟与思考。

走过兵荒马乱，终得盛世安宁，当我们回首报人与茶的往事，多么庆幸拥有如今的淡定从容。今天的中国正借助报人和媒体，将茶和茶文化分享至全世界，这独特的中国传统文化的思想养分，提供了一个可以深刻思考人与人、人与物、人与自然维持和谐友善关系的有效途径。

正所谓："一杯清茶慰岁月，偷得安闲做诗文。"

作　者：郑　璜

长乐向海六百年

捌

　　云帆高张，昼夜星驰；涉彼狂澜，若履通衢——六百多年前，郑和带着两万多人组成的船队，从长乐扬帆起航，七下西洋，和平造访了三十多个国家和地区，最远甚至到了肯尼亚，揭开了世界大航海时代的序幕。

　　六百多年后的今天，作为福州"东进南下，沿江向海"的前沿阵地，长乐续写着向海图强的壮丽诗篇。

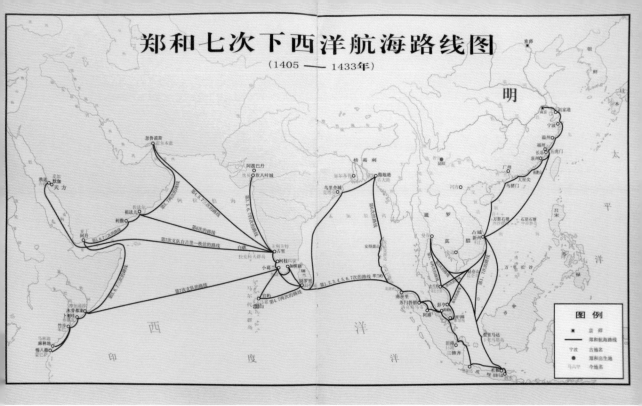

郑和七次下西洋航海路线图（陈迟／摄）↑

福州长乐太平港码头郑和下西洋开洋场景（绘画作品）（陈迟／摄）↙

□ 1405 年，郑和从这里出发

让我们将时光的指针拨回公元 1405 年的冬日。这一天，长乐太平港天气适宜，趁着东北风正劲，郑和一声令下："扬帆出发！"站在高高旗舰船首的郑和英姿飒爽，麾下舰船载着 27,800 多名壮士，在隆盛的威仪中，开始了史诗般的七下西洋航程。

这航程跨越了 28 年之久，创造了当时

美丽的长乐海岸线（姜亮／摄）

└ 福州长乐登文道码头遗址，郑和多次在此设祭开洋（林德兴 / 摄）

世界上规模最大、航线最远的航海纪录，将海上丝绸之路的发展推向巅峰。

郑和为什么选择从长乐伺风开洋？"之所以选择长乐作为驻泊基地和开洋起点，国内众多专家早有共识。其中一个因素是长乐拥有优良的港湾，物阜民丰，春秋时期航海技术先进，吴王夫差就在此造船；另一方面，长乐拥有水手及舵工、火长等技术人员，不缺经验丰富的航海人才。"郑和史迹陈列馆馆长陈迟说。

在第七次下西洋前，郑和命人重修长乐南山的天妃行宫、三峰塔寺，新建三清宝殿，并镌嵌《天妃灵应之记》碑，置于南山宫殿中。20世纪30年代，《天妃灵应之记》碑出土，一时轰动海内外。这块记录古代中国空前绝后航海壮举的石碑，成为弥足珍贵的历史遗物和福建的海洋文化遗产。

彪炳人类航海史的大事发生在长乐，奠定了长乐这个老资格造船航海基地的历史地位，更昭示着长乐在新时代走向海洋、走向世界的必然选择。此后，沿着郑和的海上"足迹"，越来越多的长乐人渡海创业，开拓商业视野，增强海洋经济意识。长乐，成了福建对外商业贸易的门户。

□ 开拓冒险，能拼会赢

长乐这座滨海小城，自古以来，就与海洋有着不解之缘。海洋文化滋养和锻造了长乐人开拓冒险、能拼会赢的精神，长乐人从来不曾停止对海洋的探索和对外面世界的探寻，这种勇于冒险的精神代代传承，经久不衰。"长乐的华侨史，可以说就是一部海洋史。"长乐区政协文史专家陈明清如是说。

鸦片战争后，福州、厦门被西方列强辟为通商口岸，长乐出现了"下南洋"移民潮。以猴屿乡为例，1949 年以前猴屿乡已形成了番客群体。"早年闯荡海外的老华侨一无资本，二无文化，他们以剪刀、理发刀、菜刀、瓦刀'四把刀'白手起家，凭借着吃苦耐劳的干劲，渐渐地，（长乐人的）理发店、裁缝店、饭店餐馆、建筑公司在世界各地遍地开花，书写了一代华侨的艰辛创业

┌ 恒申控股集团生产车间已实现智能化操作（余少林/摄）

史。"长乐区猴屿乡华侨书院院长林英志说。

中华人民共和国成立后，更多长乐人沿江向海，走向世界。与过去不同的是，如今，老华侨的"四把刀"向"三师"——医师、律师、工程师，以及"三家"——科学家、企业家、艺术家蜕变，出国打拼的长乐人随着祖国的成长与日益强大步入了一个崭新时代。

与此同时，在海洋文化的哺育下，驻守家乡的长乐人同样胸怀广阔，志存高远，将长乐各项产业的触角延伸至海外，做起全球贸易。

陈建龙是土生土长的长乐人。改革开放初期，二十岁出头的陈建龙迎着改革的春风，办起蚊帐厂。从"做一根尼龙绳"起步，他三十载坚守实业，向海图强，终于驾驶着恒申控股集团这艘纺织巨轮扬帆世界，开启了跨国收购之旅：收购荷兰福邦特己内酰胺工厂，掌握全球己内酰胺话语权；收购法国液空（福州）有限公司，实现气体原料自主生产；收购德国安科罗公司，进军高端工程塑料行业。四年完成三次跨国收购，如今的恒申控股集团稳占行业龙头地位，2021 年营收总额达到 659 亿元。

　　恒申控股集团的全球扩张是长乐对外贸易发展的一个缩影。2021 年，长乐区对外开放不断扩大，落地梅台港湾科技、铭武科技等外资项目 25 个；落实海洋经济高质量发展三年行动，松下港区 12#、13# 泊位建成，海上风电、防洪堤二期等项目有序推进，松下港区货物吞吐量近 2,800 万吨；长乐区实现地区生产总值 1,143.9 亿元，增长 9.4%，其中进出口总值达 280.8 亿，增长 47.1%。

┌ 长乐松下港区（姜亮 / 摄）

□ 向海而兴，新城崛起

"福州的优势在于江海，福州的出路在于江海，福州的希望在于江海，福州的发展也在于江海。"20世纪90年代，"闽江口金三角经济圈""海上福州"建设应运而生。进入新时代，立足新起点，长乐又成为福州"东进南下，沿江向海"的前沿阵地。位于长乐的福州新区滨海新城拔地而起，云集战略性新兴产业的高新之城正腾"云"驾"物"，续写新时代向海图强的壮丽诗篇。

在福州长乐国际机场，飞机每天在空中翱翔而过，忙碌不息，一波又一波海内外客商乘坐飞机纷至沓来。82个通航点，其中国际航点15个，119条航线，一个个

◁ 滨海新城中国东南大数据产业园，中电数据服务有限公司、数字福建云计算中心、贝瑞基因数字生命产业园、网龙网络控股有限公司、湛华人工智能数据标准化中心、达华智能科技股份有限公司等800多家企业或高科技园区入驻其中（姜亮／摄）

亮眼的数字见证着福州长乐国际机场的兴旺繁华。而这样的繁华仅是起点，在一期的基础上，福州新区、长乐区正大力推动机场二期扩建，按照 2030 年实现 3,600 万人次的旅客吞吐量、45 万吨的货邮吞吐量，27.7 万次的飞机起降架次规划来设计。

在福州（长乐）国际航空城，临空产业活力正强劲生长，已入驻 279 家规上企业，培育了网龙网络控股有限公司、福建博那德科技园开发有限公司等一批行业重点企业，吸引了菜鸟网络科技项目、京东商城项目等知名企业项目落户。

世代耕田牧海，长乐人的身体中自古就流淌着开拓进取、敢为人先的血液。长乐作为浩瀚大海边的蓝色引擎，向海开放，向海发展，已成为福州迈向现代化国际

└ 位于福州长乐大海之畔的网龙网络控股有限公司（网龙网络控股有限公司／供图）

城市的重要驱动力。

踏着时代的浪潮，一代又一代长乐人继续勇闯天下，奔向未来，将中华文明持续传播至全世界。

作　者：余少林　长　轩

龙门一半在闽川，学霸之乡是福建

　　毫不夸张地说，福建茶叶在全国多有名，古代福建学霸的名号就有多响亮。古有谚语："龙门一半在闽川。"就是福建学霸之多的最好印证。

□ 数据惊人的学霸之乡

唐神龙二年（706），福建长溪（今属福安市）人薛令之"文破八闽之荒"，成为"开闽第一进士"。

自他起，福建人在科举时代成了"屠榜"级的存在——

宋代，福建出进士 6,713 名，位列全国第一。

明代，福建出进士 2,116 名，每百万人口平均进士数位列全国第一。

清代，福建出进士 1,399 名，每百万人口平均进士数位列全国第一。

福建不仅学霸多，而且含金量也极高。宋代举行过 118 次科举考试，在有籍贯记录的 113 名状元中，福建籍考生就有 19 位。

┌ 薛令之画像（李健民 /
供图）↑
┌ 乾隆年间（1736—
1795）创办于永福的景行
书院，门口立着的三状元坊
正是为了纪念百里七年三状
元的佳话（吴铝修 / 摄）→

南宋绍兴八年（1138），状元、榜眼、探花竟然都是福建人：状元黄公度，兴化军莆田县（今莆田市）人；榜眼陈俊卿，兴化军莆田县人；探花陈修，福州府闽县（今属福州市）人。学霸们的科考佳话也一直流传至今，被人们津津乐道。

乾道二年至八年（1166—1172），当时的福州府永福县（今福州市永泰县）作为一个偏远小县，短短七年内出了三个状元——萧国梁、郑侨、黄定。

福州府闽县开化里林浦乡（今属福州市），明永乐十九年（1421）到嘉靖四十一年（1562），自林元美始，林氏家人屡登科甲，出现七科八人中进士的科举盛事。在林浦村村头有一座皇帝赐建、至今显赫依旧的尚书里石牌坊，上面记载了明朝林元美及其子孙"三代五尚书""七

三坊七巷陈氏故居，
门前挂有"六子科甲"
牌匾（林武旺／摄）

科八进士"的荣耀。

福州城内三坊七巷文儒坊的陈氏家族六子科甲，则是清代福建科考史上的一个奇迹。陈承裘的六个儿子全部登科及第：长子陈宝琛为同治七年（1868）进士；次子陈宝缙、三子陈宝璐皆为光绪十六年（1890）进士；四子陈宝琦为光绪元年（1875）举人；六子陈宝瑄为光绪十九年（1893）举人；七子陈宝璜为光绪二十年（1894）举人。其中陈宝琛更是作为末代帝师为世人所熟知。

□ 福建人读书的天时地利

福建人太会读书的事直接震惊了官方。南宋绍兴八年（1138），宋高宗注意到福建人包揽了状元、榜眼、探

花，直接惊呆了，拉住他们就问："你们福建人咋这么会读书啊？"原文大致如下：

高宗皇帝问："卿土何奇？"

状元黄公度答："披绵黄雀美，通印子鱼肥。"

榜眼陈俊卿却答："地瘦栽松柏，家贫子读书。"

┌ 位于福州市鼓楼区庆城路的闽王祠（魏培斌／摄）↑
┌ 泉州府文庙，"泉州：宋元中国的世界海洋商贸中心"代表性古迹遗址之一，是中国东南现存规模最大的文庙建筑（陈英杰／摄）↓

高宗皇帝笑曰："公度不如卿。"

好一个"地瘦栽松柏，家贫子读书"。这句经典之答彰显朴素却管用的闽人智慧，从此响彻朝廷，遍传天下。都说福建的地貌是八山一水一分田，为了求生存、求发展，千百年来，山海之间的福建人形成了乐观进取、积极向上的精神特质。在"万般皆下品，唯有读书高"的

武夷精舍讲堂（现代复原），朱熹于南宋淳熙十年（1183）创建该书院，在此讲学八年，修订完成并付诸刊刻《四书章句集注》，标志着集理学之大成的朱子理学体系的成熟（郑友裕／摄）

时代，福建人自然在学业上力求精进，尊师重教、虔诚向学是不少人家之庭训。

早在一千多年前，福建人就办起了义务教育。唐代王潮、王审知兄弟入闽后，以发展儒学为己任。在出任福建观察使之后，王潮在福州所做的第一件事就是"作四门义学"，即中国历史上最早的一种义务教育。

唐末，全国经济中心南移。五代至两宋时期，福建成为经济中心地带，促成了福建文化的繁荣，教育也获得较好的发展条件和空间。宋崇宁年间（1102—1106）的三次兴学运动之后，福建所有府、州、军、县都设立了学校，这在全国都是极为罕见的普及程度。

不仅官学普及，福建人还特别喜欢办书院，在其中传道、授业、解惑，培养了大批的优秀学子。宋代福建书院就有 66 所，明代有 170 所以上，清代甚至达到了470 多所。

教育基础设施的完备，一代代文人志士的倾心投入，推动着福建教育事业的蓬勃发展，也让民间重学、向学、好学的风气十分浓郁。

南宋著名理学家吕祖谦 18 岁时曾到福州求学，当地学风之浓郁让他"惊掉下巴"。他后来写下："路逢十客九青衿，半是同窗旧弟兄。最忆市桥灯火静，巷南巷北读书声。"描绘的就是这样一幅全城读书的盛况——在路上碰到十个人就有九个是读书人，而且多半是同学；夜晚站在街头上一张望，巷南巷北都传出朗朗的读书声。

宋熙宁三年（1070）考中状元的福建人叶祖洽也曾写过："有不谈诗书者，舆台笑之。"意思就是要是不爱读书学习，连地位低下的人都会耻笑你的！

□ 福建考霸文具多

文教兴盛，向学之风浓郁，福建人就差把尊师重教刻在脑门上。所以每逢开学，那叫一个仪式感满满。

以私塾为例，开学第一天，学童们会先在塾师带领下向先师行礼，然后按年龄大小依次向塾师行礼并拜见师母，随后同学之间要互相作揖。

家长们还会为学童们准备——

开学好物

勤攒时供聪明葱

一缺高升明高升糕

旋心学习专用灯芯草

太平必备鹌鹑蛋

一沾狼毛得住调皮小孩必备麦芽糖

勤学苦读嚼芹菜（闽西专属）

古代福建不仅尊师重教之风兴盛，学子们的文房装备也酷炫到让天下读书人艳羡。

以最重要的教科书为例——在宋时，福建学子书包里的建本书可是泉州港用以与朝鲜半岛地区交换人参、布匹的主要商品之一，果真是"书中自有黄金屋"。当然这也有地利的因素，南宋时福建建阳麻沙是全国三大印刷中心之一，被誉为"图书之府"，刊印的建本与浙本、蜀本齐名。

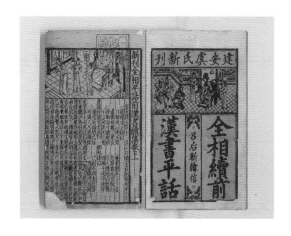

读书写字最重要的用具之一是纸张，而福建的玉扣纸也十分出名，曾在明代宋应星的《天工开物》里得到过这样的评价："凡造竹纸，事出南方，而闽省独专其盛。"福建宁化、长汀均盛产玉扣纸。光看纸的名称，就知道不是一般纸品能叫的。能称得上

"玉"，自然是极为洁白无瑕、光滑柔韧的。

见过价值连城的毛笔吗？福建安溪就有。自明嘉靖年间（1522—1566）始，安溪蓝田就是有名的毛笔之乡。这里出产用优质白色山羊毛做出的山羊毫，最是柔软匀称，锋颖细长，呈现出透明的玉白色。而个中上品要数用黄鼠狼尾尖上的毛做出的狼毫，独特的柔韧性与弹性让使用者书写作画时可以真正做到行云流水，故而价值连城。

福建的石砚也是有名人背书和带过货的。大文豪苏东坡对产于古建州（今建瓯市）北苑凤凰山的建州砚评价很高，曾说："山如飞凤下舞之状，山下有石，声如铜铁，作砚至美，如有肤筠然，此殆玉德也。疑其太滑，然至益墨。"而产自福建将乐的龙池砚发墨细腻，不伤笔

┌ 将乐龙池砚制作（陈世亮／摄）

1	2
3	4
5	6

┌1 著名政治家、书法家蔡襄
（闽智 / 供图）

┌2 军事兵器家曾公亮（闽智
/ 供图）

┌3 天文学家苏颂（同安区社
科联 / 供图）

┌4 理学大家朱熹（台北故宫
博物院 / 藏）

┌5 世界上最早的法医学专著
《洗冤集录》作者宋慈（刘德
书 / 供图）

┌6 民族英雄林则徐（林则徐
纪念馆 / 供图）

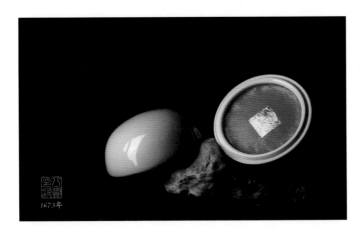

毫，也是珍贵的文房瑰宝。成语"程门立雪"的男主角、著名理学家杨时，最爱用的就是家乡这一名砚了。

福建学子最幸福的是，他们还能用到贡品级的文房第五宝——漳州八宝印泥。八宝印泥始创于清康熙年间（1662—1722），色泽朱红，鲜艳夺目，阴雨不霉，印迹清晰，永不褪色，是中国三大印泥瑰宝之一，曾被作为皇家贡品。

文教兴盛，学霸辈出，福建也因此涌现了大量的杰出人物，他们在文学、历史、科学、艺术等领域作出重要贡献。

今天，福建先辈们向学好学、积极进取的精神也督促和鼓励着当代的福建学子，"坚持学习、学习、再学习"，谱写学霸省份的新时代佳话。

作　　者：李　艳

福建这座『岛中状元』，真的有状元！

拾

福建漳州漳浦林进屿是中国唯一拥有古火山口的海岛，是"中国最美十大海岛"之一，称得上是"岛中状元"。更令人称奇的是，状元岛里居然真的有状元——长泰人林震及其影响下的状元文化，数百年来一直在闽南传为美谈……

□ "岛中状元"因何来

有"火山盆景"之称的漳州滨海火山国家地质公园坐落于漳浦县前亭镇崎沙村滨海一带。公园内有一座火山地质遗迹岛——林进屿。

虽然林进屿地貌奇特，但"岛中状元"这个名字又是由何而来呢？

坊间传说，明代长泰籍学子林震当年患病，曾流落到此，因为洗了这里的海水，吃了这里的海螺等贝类，竟然神奇病愈。

后来，林震在此刻苦攻读，直至金榜题名，大魁天下。为纪念林震状元及第，当地百姓便亲切地把这座无名岛屿称为"林震屿"。

后来为避状元林震的名讳，加上闽南话"震"和"进"同音，"林震屿"就慢慢变成了"林进屿"。

┌ 林震塑像，立于其祖籍地、今漳州市长泰区枋洋镇科山村（长泰区枋洋镇政府／供图）

└ 鸟瞰林进屿，犹如碧玉盘中一块椭圆形的墨色宝石（邱志民 / 摄）

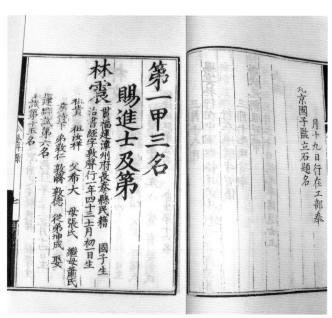

□ 状元其人其事

林震（1388—1448），字敦声，号起龙。自小家贫力学，矢志不移，"夜则读书于室，昼则樵于山，倦而息影林樾下，出携卷腰底，读之声朗朗出树间"。

明宣德五年（1430），林震进京会试，中第十五名。殿试时，皇帝朱瞻基亲自出题，题目要求阐述为政之道。

林震从容应对，认为国家致治之道，必以教养为先，而教养之道，当以得人为要，盖农桑所以养民，学校所以教民。策论强调，要通过建学校、崇教化，以敦化民风，点出了教育的重要性。

皇帝因而大悦，钦点林震为新科状元，榜眼为建安（今建瓯市）龚锜，探花为莆田林文。福建考生囊括榜首前三名，"闽中一科三鼎甲"传为佳话。

林震状元及第后，居京八载，担任文学侍臣，主持编修《明实录》。明正统二年（1437），林震"称疾告归"。

回到故里长泰后，林震坚持以诗史自娱，持身谦恭礼让，待人接物从无疾言遽色，非因公事不到州郡县邑衙门。此外林震像他的老师、进士唐泰一样热心教育，每有乡邻学子上门请教，学问渊博的林震都给予热心辅导。

广东督抚仰慕林震渊博的学识与高尚的人品，曾两次请林震赴粤主持乡试，林震欣然接受。他到广东后用心出题，公心评卷，慧眼识人，提挈后生，为广东选拔了不少优秀人才。

林震文采斐然，写下不少诗文，今有《儒学科贡题名记》等文章以及《紫极宫》《春日偶成》等三十余首诗歌传世。

《林震家训》曰："凡林氏子孙，气必正，言必厚，事必公，用必俭，学必勤，动必端，言必谨，居官必廉慎，乡里必和平，人非善不交，物非义不取……"如今仍值得家庭教育借鉴。

他的状元史迹在《明史》《福建通志》《漳州府志》《长泰县志》等史籍上均有记载。今之北京孔庙国子监内有明代进士题名碑，其中"宣德五年庚戌科"碑文上"赐进士及第，第一甲，第一名，林震，漳州长泰"字样依然可辨。现长泰区武安镇留有状元巷、状元井，长泰县博物馆藏有朝廷赐封林震继室黄氏为安人的圣旨等。

林震殿试夺魁，无疑是漳州府科举史上的一大盛事。作为漳州千年史上唯一的文科状元，林震被誉为漳州史上"十大历史名人"之一，成为长泰乃

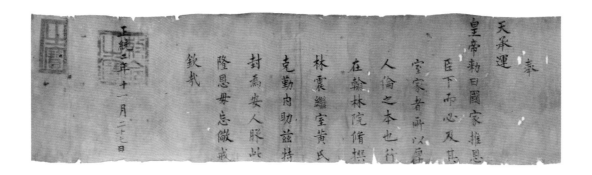

至漳州家喻户晓的传奇式人物。

　　或许正是受林震影响，漳州出现学子竞相砥砺、踵武前贤的文化现象。据史料记载，漳州府史上共有文科进士 730 名，而明宣德五年（1430）至崇祯十六年（1643），两百多年间就涌现进士 306 名。长泰虽为蕞尔小邑，史上却有进士 76 人，仅明代就有 36 人，并曾出现"一榜三进士""父子进士"等传史佳话，可谓群星璀璨，俊彦纷呈。

在林震之后，漳州历史上又涌现出大批名人乡贤，如"两帝师"蔡世远、蔡新，"蓝氏三杰"蓝理、蓝廷珍、蓝鼎元，以及著名学者黄道周等。

五百多年过去了，状元精神在漳浦大地上历久弥新，激发更多学子勤奋进取、立志成材。据统计，过去的十年间，仅漳浦一中就有 32 位学子被清华大学、北京大学录取，249 位学子被复旦大学、中国人民大学等顶尖学府录取，1,400 多位学子被 985、211 高校录取，学校也因此被授予"全国教育系统先进集体"等荣誉称号。

□ 状元文化泽后世

千百年来，林进屿静静地泊在时光的一隅，始终护佑着滨海一带的渔民，林震状元文化也深深滋养着漳州这一方土地。林震故里长泰正深挖细掘"状元因子"，修缮一批状元遗迹景观，大力弘扬状元文化，同时建设了长泰文庙、龙人古琴文化村、中华汉文苑等富含中国传统文化特色的文化景观。

如今，文化长泰雏形初显，日见其功；巍巍牌坊，悠悠古寨，静静地诉说着曾经的辉煌。在这闽南千年古邑的闾巷乡间，处处散发着悠远的历史气息，并与现代文明形融神合，交相辉映——

新长泰县文庙中建有状元书院，内设讲堂及状元文化展陈，成为传承和弘扬中华优秀传统文化的平台；

新长泰一中校园内立有林震像，手握书卷，目光高远；

科山村状元祠（蔡妙容／摄）

状元出生地京元村张氏家庙布置状元文化展，形成崇文尚学的良好风气；

状元祖籍地科山村兴建状元祠，竖立林震像，广植状元蜜橘，成为乡村旅游的一张亮丽名片。

林震从无数学子中脱颖而出，其勤奋自学、勇攀高峰的状元精神极大地提升了闽南学子的文化自信，激励他们泛舟学海、水积成川。

万物有所生，而独知守其根。走在漳浦县崎沙村的滨海观光栈道上，眺望烟波浩渺的大海，林进屿犹如

长泰县文庙落成仪式（叶小秋／摄）

一顶状元官帽静卧海面，深情守护着岸上渔家。这座有着神奇魅力的岛屿，不仅是无数海内外闽南游子的文化记忆，更是漳州大地上一个穿越时空、影响未来的文化地标。而悠久绵长的林震状元文化，不仅深深滋养着长泰一方沃土，其崇文尚教、耕读传家、昂扬进取、勇争一流的精神内涵，也成为闽南优秀传统文化的重要组成部分，滋养着整个闽南的广阔大地……

┌ 远眺林进屿（漳浦县文体旅局 / 供图）
↑ （上）
┌ 长泰一中校园内的状元林震塑像（长泰一中 / 供图）↑ （下）

作　　者：王金宝　叶小秋

从古至今，福州人为什么这么会办教育？

拾壹

在福州，尊师重教之风源远流长，代代相传。

宋代，程师孟、张伯玉、辛弃疾、陆游、蔡襄、曾巩等才学兼优的学者型官员云集榕城，福州中进士人数位居全国第一；

清代，福州出现了在全国声名大振的四大书院，培养了一大批著名人物，如林则徐、梁章钜等，且深深影响了台湾地区的书院；

近代，福州人走出去办学，严复、张亨嘉、林启等参与了北京大学、浙江大学等顶尖学府的创办，影响深远；

2022 年 8 月，福州人林尚立被任命为中国人民大学校长，引发社会广泛关注……

北京大学

1904 年，任大理寺少卿、浙江学政的福州人张亨嘉被任命为京师大学堂总监督。就职时，张亨嘉致词曰：

"诸生听训：诸生为国求学，努力自爱。"

只 14 个字，堪称最短演说。

他选定校舍、讲堂、操场，广收生徒并参与制订学堂章程，拟定考试科目，设中文论著、中国史地、外国史地、翻译、算术、代数与平面几何、物理及无机化学等七门。他亲手开创京师大学堂的优良学风，为该学堂以后成为闻名于世的北京大学贡献良多。

1879 年严复从英国留学归来，先后任教于福州船政

┌ 北京大学旧影（严复翰墨馆 / 供图）↑（上）

┌ 严复任京师大学堂总监督时的画像（严复翰墨馆 / 供图）↑（下）

学堂、天津北洋水师学堂、上海复旦公学、安徽师范学堂。1902 至 1904 年，严复受聘为京师大学堂译书局总办，1912 年 2 月出任京师大学堂总监督。1912 年 5 月，京师大学堂改名为北京大学，总监督改称大学校长，严复成为北京大学首任校长兼文科学长。他邀请林纾、叶可梁等福州同乡参与北大教学管理，林纾任经文科教习，讲授古文，叶可梁任农科学长。

┌ 浙江大学校园内的林启雕像（韩书安 / 摄）

严复执掌北大期间，恰逢民国初年南北纷争，政局动荡，办学极其困难。为了维持北大的生存，严复据理力争。他一面筹款办学，一面对北大进行整顿、改革，在师资聘用、学科设置和教学内容等方面都有举措，为北大从清末大学堂向现代大学的平稳过渡作出重要贡献。

浙江大学

福州人林启，清光绪丙子二年（1876）进士，他认为："居今日而图治，以培养人才为第一义。居今日而育材，以讲求实学为第一义。"

任杭州知府期间，林启将家乡福州重视教育的风气带进浙江，开启了杭州乃至浙江近代教育的先河。他创办的第一所新式学堂——求是书院，便是浙江大学的前身，创办的浙江蚕学馆，为浙江理工大学的前身。

求是书院创办于 1897 年，开设数学、物理、化学、史地、博物、音乐、英语等现代课程，浙江近代高等教育由此开始。杭州高等教育粗具规模后，1899 年，林启又创办养正书塾，开设国文、修身、算术、历史、地理、物理、体操、英文、音乐等现代课程，为杭州中等教育开先河。

└ 求是书院，浙江大学前身，1928 年更名为国立浙江大学（闽智／供图）

东北大学

从福州三坊七巷走出的民国才女林徽因被称作"福州的女儿"，她的祖父林孝恂是清光绪十五年（1889）进士，父亲林长民曾任北洋政府国务院参议、司法总长等要职，叔叔林天民被誉为"福建话剧第一人"，堂叔林觉民、林尹民皆是辛亥革命的先驱人物。

林徽因和其丈夫梁思成为中国古建筑研究奉献了毕生心血。1928年，梁思成和林徽因到东北大学，创建中国第一个建筑系。林徽因担任美学和建筑设计、雕饰史等课程教员，还教专业英语课。

在教学方式上，她不拘一格，上美学和建筑设计课时，经常把学生带到沈阳故宫等地，以现存的古建筑作教具，实地讲授建筑与美学的关系。她渊博的学识、犀利的谈锋、爽朗幽默的性格深受学生喜爱和欢迎。

□ 海滨邹鲁的科举高光

福州为何能走出这么多的教育大家？这和福州兴文重教的传统、海滨邹鲁的底蕴有着密切的联系。

说到开闽地文教之先河的人物，绕不开阮弥之。

1,600多年前，阮弥之从江左来闽，担任昌国（今福州）郡守。《闽县乡土志》载："弥之入闽兴学，在虞愿、李椅、常衮诸君之前。"

阮弥之于乌石山南麓拓地30多亩，建房20多座，作为办学施教场所，延请江左阮氏文人及名士任教。因他

的教化，闽地从"俗未知学"到"家有诗书，市无嚣斗"，成效影响全闽，闽中读书之风由此兴起。

唐大历（766—779）、建中（780—783）年间，李椅、常衮两任福建观察使在福州提倡教化甚力。由此，福州学风大振，奠定了其宋代海滨邹鲁的基础。

闽王王审知在福州 32 年，十分重视发展教育，在福州"建四门学（高等学府）"，选知名人士黄滔等担任四门博士。在他的倡导下，当时的福州地区州有州学，县有县学，乡僻村间有私塾，文化教育事业大大发展。唐贞元年间（785—805），福建全省中进士者 74 人，福州占 39 人。

两宋时期，随着全国政治中心南移，福州社会经济和学术文化异常活跃。为官者重教，为民者优学，才学兼优的学者型官员云集榕城，如程师孟、张伯玉、辛弃疾、陆游、蔡襄、曾巩等，使得福州的文教发展达到了鼎盛时期，也迎来了其在科举时代的高光时刻——

整个宋代，福州中进士的有 1,339 人，位居全国第一！

宋乾道二至八年（1166—1172）的七年间，福州府永福县（今福州市永泰县）萧国梁、郑侨、黄定连续三科得了三个状元，千古罕见！

嘉定元年（1208），又出现"一榜三鼎甲"全是福州人的盛况。

宝祐四年（1256），长乐杨梦斗兄弟、叔侄一门同榜四进士，时称"河东四凤"。

□ 人文荟萃，风韵悠长

官学的兴盛也带动了民间教育的发展。入宋之后，尤其是南宋期间，福州私人办学如雨后春笋，遍地开花，其中以朱熹及其门人创办的理学书院为数最多。这为明清福州书院的长足发展奠定了坚实的基础。至清代，福州出现了在全国声名大振的四大书院。

鳌峰书院

清康熙四十六年（1707），被誉为"天下清官第一"的福建巡抚张伯行创办了鳌峰书院，是当时福建省最高学府。书院位于福州于山鳌峰之北，每次招生报考人数往往多达五六千名，可见竞争激烈。林枝春、陈寿祺等一批在全国学术界独占鳌头的经学大师先后到这里主持教学。

书院培养了一大批福建甚至中国历史上的著名人物，如林则徐、梁章钜、陈化成、蓝鼎元、张际亮等。清代福建三个状元之一的林鸿年也是鳌峰书院的学生。

台湾地区书院绝大多数建立于清康熙王朝以后，受鳌峰书院影响很深。由于台湾当时是福建属下的一个府，鳌峰书院还直接接收台湾学生。这所东南第一学府，是当时台湾读书人心目中高山仰止的求学圣地。

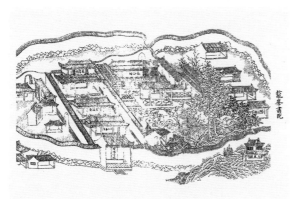

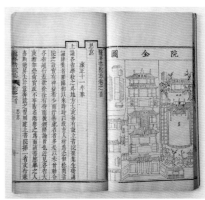

┌ 史料中的鳌峰书院
（陈常飞／供图）↑

┌ 史料中对于鳌峰书
院的记载（陈常飞／
供图）↗

┌ 正谊书院旧址（张
旭阳／摄）↓

┌ 凤池书院旧址，如
今是福州第一中学（叶
诚／摄）↘

正谊书院

正谊书院由闽浙总督左宗棠于同治五年（1866）创立的正谊书局演变而来。陈宝琛、林纾、陈衍、吴曾祺等皆是正谊书院培养出来的人才。

凤池书院

凤池书院由闽浙总督汪志伊、盐法道孙尔准于嘉庆二十二年（1817）创建。戊戌变法后改为全闽大学堂，著名的黄花岗烈士林觉民就肄业于此学堂。

┌ 致用书院旧址，如今是福州大梦山景区西湖书院（陈培亮／摄）

致用书院

　　同治十二年（1873），福建巡抚王凯泰于福州西湖旁的西湖书院内创办致用堂，同治十三年改为致用书院，后迁至乌石山范氏祠堂左侧。书院培养了不少出众人才，如研究经学、文学的黄增，研究史学的张亨嘉。光绪三十一年（1905）改为全闽师范学堂，是福建师范大学前身之一。

　　从古至今，教育都是福州推动历史进程的动力，当历史的车轮走到时代的岔路口，福州又通过兴办新式学堂掀开了中国近代史崭新的一页。

1866年，求是堂艺局初创，1867年迁至福州马尾后改为船政学堂。这是中国近代第一所海军学校，也是中国近代航海教育和海军教育的发源地。严复即是船政学堂首批学员之一。

1877年，船政学堂还派出首批留学生35人，后又多次派留学生出国留学，足迹涉及英法等当时科技发达的国家。这些留学生学成回国后，成为中国近代科学研究和实践领域的柱石，对中国近代史产生了深远的影响。

人文荟萃，风韵悠长。一直以来，福州人都秉承尊师重教传统，千年文脉在福州薪火相传，煌煌史书，有着许多相关记载，列列青卷，更有数不清的动人故事。

┌ 船政学堂旧影；船政学堂分为前学堂和后学堂，前学堂培育工程师，后学堂培育海军军官（陈悦／供图）
↓
┌ 福州船政学堂的学员与洋教官（陈悦／供图）↘

福州文教发展 1,600 余年，期间造就大量人才，为国家政治、经济、文化教育发展作出巨大贡献。回顾福州文脉的发展历史，正是这尊师重教的优良传统和浓郁的学风激发着福州学子们的学习热情，最终形成代代相承的宏大精神力量。

作　　者：陈 坚 长 轩

福建人，也太会「宅」了吧！

　　如果喜欢"宅"，一定要看看福建人如何"宅"出高水平。

　　在福建这片土地的东南西北走一圈，你会看到一屋成村，百廿间大厝，千年古街，万平豪宅，它们正是"宅"的最高境界——福建古厝。

　　"厝"，在福建的很多方言中，是"房屋""家"的意思。自西晋八姓入闽始，大批中原移民带着不同的文化进入福建，福建各地的府第民宅也因此呈现出丰富多元的形态。

┌1 闽东古厝福州华林寺
大殿（林振寿／摄）
┌2 闽南古厝厦门海天堂
构（蔡松荣／摄）
┌3 闽西古厝龙岩集庆楼
（王福平／摄）

1	2
3	

□ **闽清宏琳厝：皇宫当游紫禁城，民居应览宏琳厝**

今天的福建省省会福州，历史上也一直是福建的政治中心。明清以来，其经济与文化中心的地位逐渐凸显，福州因此官宦云集，名家辈出。这些官商富户建起的府第大宅，大多规模宏伟，尽显气派。

坐落于今福州市闽清县坂东镇新壶村的宏琳厝始建于清乾隆六十年（1795），由药材商人黄作宾及其长子黄宏琳历时 28 年建成。其占地面积约 17,800 多平方米，共有大小厅堂 35 间、住房 666 间，其规模之大、保存之完善十分罕见，素有"皇宫当游紫禁城，民居应览宏琳厝"的赞誉。毫不夸张地说，参观宏琳厝如果没有人带路，十有八九是要在里面迷路的。

俯瞰宏琳厝（陈成才／摄）

宏琳厝第一进由家中的小字辈居住，第二进由家中的中字辈居住，第三进由家中的老字辈居住，寓意"长幼有序"。

宏琳厝之细节处理随处可见古人的建造智慧——主座与内外横厝之间建造水圳，引入山泉水供日常洗涤与防火之用；所有卧室都用木地板架空，地枕处开猫退，既可防潮，又便于家猫进入捕鼠、防蛇虫等；四周建起高高的封火墙，并建造高耸的碉楼，以防匪患。

┌ 宏琳厝第一、二、三
进大厅（陈成才／摄）←
┌ 宏琳厝内景（陈成才／摄）↓

既然说到封火墙，那必须得提一下福州古建筑的
"特产墙"——马鞍墙。

马鞍墙是封火墙的一种。在福州古民居中，常可见
这些高高的、厚砖或土筑的围墙，状似马鞍，由此得名。
在福州三坊七巷，线条流畅的马鞍墙是一道亮丽的风景。

┌ 宏琳厝内景（陈成
才/摄）←
┌ 三坊七巷马鞍墙
（李芳/摄）↑

□ 南安蔡氏古民居：中西合璧大观园，一砖一瓦筑乡愁

看到极具辨识度的红砖白石燕尾脊，不用说也知道：这里，是闽南。

宋元以来，泉州港、月港、厦门港先后成为中国海外贸易的重要港口，"人物庶繁，驿道四通，海商辐辏，夷夏杂处，权豪比居"。随着各国商人纷纷涌入，南洋、欧洲等地的建筑风格也渐渐进入闽南，形成了当地中西合璧的红砖建筑风格。

庞大的蔡氏古民居建筑群位于泉州市南安市官桥镇漳里村漳州寮，是闽南华侨建筑的典型代表。红白相间的色彩、三段式的硬山屋顶、高高翘起的燕尾脊、整齐有序的建筑序列，在蓝天白云的映衬下尤其壮观，充满了音乐般的节奏感与韵律感。

清咸丰四年（1854），16岁的蔡资深跟随父亲蔡启昌下南洋，经过多年打拼，最终在马尼拉富商巨贾当中位居前列。清同治四年（1865），蔡启昌、蔡资深父子衣锦还乡，在村边建起两座大厝。之后历经近半个世纪，蔡氏古民居建筑群才全部完工。

这座建筑群融合了大量外来元素，带来了不一样的文化巡礼，有人形容其是一座大观园，一厝之内，各国风采俱现。

2001年，蔡氏古民居建筑群被列为全国重点文物保护单位。

┌ 闽南特色建筑——南安林氏民居（李长志／摄）↑（上）
┌ 夕阳下的蔡氏古民居（卓天然／摄）↑（下）

┌ 俯瞰南安蔡氏古民居（泉州市委宣传部／供图）

说到闽西古建筑，你脑海中立刻浮现的是不是一座座客家土楼？

其实，当地有一种比土楼更为广泛存在的建筑形制，叫作"九厅十八井"。这"九"和"十八"并非指代具体数字，而是形容民居中厅、井的数量之多。

位于闽、粤、赣三省交界处的闽西地区是客家人的聚集地。背井离乡的客家人格外重视家族团结，渴望拥有几世同堂的安居家园，聚族而居成为他们自然而然的选择。而九厅十八井的府第民宅就是这种选择的物化体现。

龙岩市连城县宣和乡的培田村官厅是五堂二横的九厅十八井式民居，占地面积约 6,000 平方米。官厅集居住、祭祀、藏书等功能于一身，布局结构可谓精妙绝伦，谁看了都会忍不住竖起大拇指感叹一句——这就是传说中的空间管理大师吧！

培田享有"福建民居第一村"的美誉，是迄今中国南方地区保存最完整的古代民居群落之一。这个客家小山村拥有 30 余幢高堂华屋、21 座古祠、6 座书院、两道跨街牌坊和一条千米古街，一直以来都因其明清古建筑群保存完好而闻名。

培田村不仅在建筑上颇具特色，人文底蕴更是深厚。据当地史料记载，明清以来，培田登科入仕者达

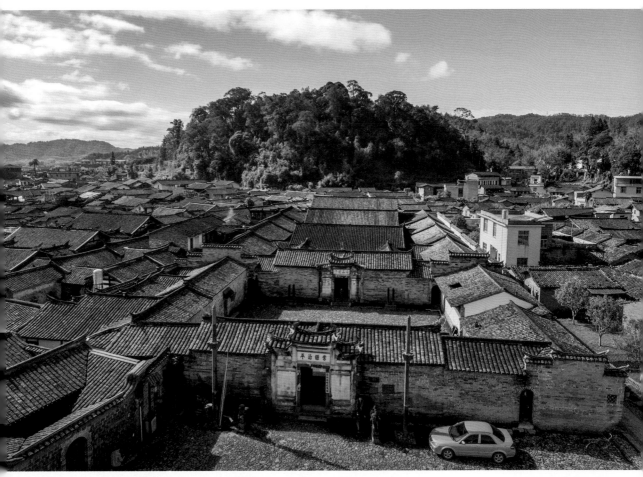

培田古民居之官厅（胡家新 / 摄）

┌ 俯瞰培田古村落（连城县宣和镇 / 供图）

191 人；中华人民共和国成立后，培田有 20 多人获博士学位。

　　除书院、学堂、藏书阁外，培田村内还曾经开设容膝居妇女学校，专门为妇女们授课讲学，可见当时的培田人思想开放、颇具远见。

┌ 培田古街（胡家新 /
摄）→（上）
┌ 容膝居（连城县宣
和镇 / 供图）→（下）

□ 武夷山下梅大夫第：茶香满溢下梅村，木质美学简而雅

一路向北，寻着茶香便可来到武夷山下万里茶道的起点——下梅村。

全长 13,000 余千米的万里茶道，参与人口之多、行经区域之广、商品流通量之大、对历史文化影响之深，可与丝绸之路相媲美。

清雍正年间（1723—1735），下梅邹家因做西客茶生意成为下梅首富，邹氏先祖邹英章也被誉为"万里茶道第一人"。他，就是下梅大夫第的主人。

大夫第建于清乾隆年间（1736—1795），是下梅村现存规模最大、最具代表性的一座古民居。青砖匚斗马头墙，砖雕门楼小天井，大夫第的建筑风格与徽派建筑有相似之处，又有着闽北建筑的典型特色。

闽北林木资源丰富，山多田少，民居多用木料。大夫第更是连柱础都采用硬木，有别于其他地区的石质柱

┌ 下梅大夫第（翁培义 / 摄）↓
┌ 下梅大夫第砖雕门楼（郑友裕 / 摄）↘

┌ 小樊川（郑友裕/摄）↑
┌ 中国历史文化名村——下梅村
（郑友裕/摄）←

础。其木质柱础呈八角鼓状，下部雕如意纹，上部做柱栌，中间浮雕花卉器物，简洁大气，尽显原木本色。

在这座大夫第中，最精美的建筑空间还属私家花园小樊川。小樊川仿江南园林风格而建，园名是唐代杜牧后人杜光操题写的。小樊川以方形池塘为中心，四周围以石雕围栏，栏板镂雕，望柱浮雕，望兽圆雕，十分精美。

今天的大夫第不仅是中国传统村落下梅的民居建筑范本，还是武夷山茶叶贸易发展的历史见证。

时间是世界上一切成就的土壤。走进这一座座静谧的古宅，感受时间流淌的痕迹，聆听古人的智慧与情怀，邂逅一场古朴的老厝之旅吧！

作　　者："闽人智慧"编辑部

好好「桥」，
福建人的传统艺能

福建负山面海，古时交通主要依仗江河，但水路能够通达的范围却相当有限。于是，修桥成了福建人的传统艺能。

福建的桥，也因此多种多样，独具特色——

有海上的桥，还有海里的桥；

有石造的桥，还有木编的桥；

有技艺在全世界堪称独创的桥，还有技艺至今无法破解的桥；

……

俗话说，外行看热闹，内行看门道。那么福建这些最具特色的桥，到底体现哪些智慧门道呢？

三十	早上3点至7点	初八	上午7点至11点
十五	下午2点至6点	廿三	上午8点至12点
廿六	下午3点至7点	廿四	上午9点至1点
十七	下午 晚上4点至8点	廿五	上午10点至2点
初四	晚上5点至9点	十一	上午11点至3点
十九	早上6点至9点30分	十二	上午 下午12点至3点
初一	早上6点至10点	十三 十八	上午 下午
廿二	早上6点30分至10点30分	十九 廿二	下午1点至6点

汐路桥过桥时间标识牌（陈伟／摄）↑

蜿蜒盘旋于滩涂中的汐路桥（陈伟／摄）↘

□ 会隐身的桥

在福建，有一座怪桥，过桥靠"时机"。

这座桥旁边立有一块标识牌，上面用农历日期标注了海水退潮和可以通行的时间段。只有在正确的时间，桥才会从水里浮出，造就当地人独特的"等桥来"生活。

这就是位于福建省霞浦县沙江镇、联结竹江村与小马村的汐路桥，全长 3,651 米，只在退潮时现身，像一条巨龙蜿蜒盘旋在泥泞的滩涂之上，是国内目前发现的最长的古代海埕石路桥。

　　汐路桥的与众不同还得从竹江岛说起。竹江岛地处霞浦县东吾洋海域西北部，涨潮时四面环海，退潮时泥滩环抱。岛上居民上岸只能是乘舟而渡，但潮汐有涨有落，退潮后的广袤滩涂隔绝了岛与陆地，出行就成了问题。

　　于是，竹江人选择了在滩涂上修桥。在当地乡绅郑秀轩、其子郑启昂及其孙郑琼森三代人的努力下，终于在清嘉庆十六年（1811）修起这座涨潮时没于海水、退潮时显露真容的汐路桥。

　　在又软又湿的滩涂上，如何建起这样一座庞然大物？

原来，修桥时，人们先在淤泥中打下密集的松木桩，再横铺松木条和草皮，在此基础上横竖垒砌三层条石，通过力学原理减轻石块下沉的作用力。此外，全桥采用弧线形，以对抗潮水的正面冲击力。

　　汐路桥最宽处 1.8 米，一路经过 6 条港道，故设桥 6 座，最高处 2.9 米，其中 4 座桥的桥孔有上下二层，边有小孔，具有排水防潮作用。

　　汐路桥还采用了牡蛎固基法，利用牡蛎繁殖迅速、附着力强的特性，把桥基和桥身黏合凝固，融合了生物建筑学与桥梁工程学。

┌ 汐路桥现身（陈伟 / 摄）

数百年来，汐路桥成为竹江人退潮时唯一的出路，"等桥来"也成为当地人独有的生活方式。

2022 年 3 月 27 日，汐路桥以《会隐形的桥》主角身份登陆中央电视台科教频道《地理·中国》栏目，霸屏 23 分钟。

□ 编织一座桥

在闽东北山区，藏着被学界公认为传统木构桥梁中技术含量最高的桥梁形态——贯木拱廊桥，也被称为编梁木拱廊桥。

在张择端的《清明上河图》中，一座拱形桥梁宛如飞虹横跨汴水河，桥上熙熙攘攘，桥下舟船忙碌——这座浓缩北宋市井繁华的桥梁，便是著名的汴水虹桥。这种桥建造时用梁木搭接，把长度有限的木材上下交叠，编织成大跨度的无柱拱桥，结构简单却又十分坚固。

然而，这种巧妙利用自然材料的桥梁建筑形态，在宋室南迁后似乎逐渐失传了。

直到 20 世纪 80 年代，学界惊喜地在闽浙一带找到了众多和汴水虹桥一样具有编木拱架结构的木拱桥，而且在造桥工艺上有所创新，这就是闽浙木拱廊桥。

闽浙木拱廊桥与《清明上河图》所绘虹桥在外观上有较大差别，可以说是编木拱架结构木拱桥的 2.0 版。因南方多雨，这些桥上还加盖了遮风避雨的廊屋，因此被

统称为木拱廊桥。一个"拱"字，说明这些廊桥采用的是与汴水虹桥一样的拱架结构，本质也是"编织"出来的桥。

虹桥再现福建，与历史上的"衣冠南渡"有着千丝万缕的联系。福建多山而少田，尤其是闽东北，重峦叠嶂，沟壑纵横，谷幽溪深，因为缺乏平地，村落大多沿着溪流边的谷地分布，对于桥梁的需求格外迫切。或许正是南迁人群中的造桥匠人发现当地树木多，于是就地

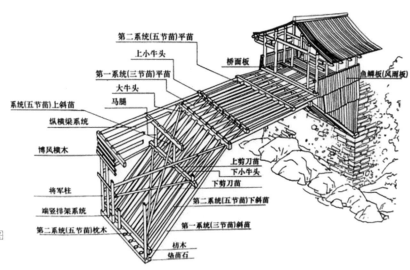

第二系统(五节苗)平苗
上小牛头
桥面板
第一系统(三节苗)平苗
大牛头
马腿
鱼鳞板(风雨板)
系统(五节苗)上斜苗
纵横梁系统
博风横木
上剪刀苗
下小牛头
将军柱
下剪刀苗
第二系统(五节苗)下斜苗
端竖排架系统
第一系统(三节苗)斜苗
第二系统(五节苗)枕木
枋木
垫苗石

┌ 木拱廊桥结构图
(闽智 / 供图)

1
2
3

┌ 1 福建省屏南县千乘
桥（屏南县木拱廊桥保
护协会 / 供图）
┌ 2 福建省寿宁县鸾峰
桥（许少华 / 摄）
┌ 3 令人叹为观止的编
桥技艺（许少华 / 摄）

取材，让编木拱桥这一传统技艺得以传承千年。

木拱廊桥充分体现古人适应环境和改造自然的智慧，这种智慧让其得以穿越时光，至今仍屹立于闽山闽水之间，不畏风雨，编织着世世代代福建人天堑变通途的梦想。

□ 重量级大桥

木置水中日久必朽，与闽东北山区的木质桥梁不同，闽南沿海的桥多为石桥，泉州的洛阳桥与漳州的江东桥堪称其中的代表性桥梁。

作为世界遗产"泉州：宋元中国的世界海洋商贸中心"22个遗产点之一的洛阳桥，距今已有960多年的历史，是中国四大古桥之一，也是中国第一座跨海梁式大石桥，素有"海内第一桥"之誉。

「 碧水蓝天间的洛阳桥（张九强／摄）

洛阳桥建于北宋皇祐五年至嘉祐四年（1053—1059），由北宋名臣蔡襄主持修建，创下中国古桥多个"第一"的纪录。

首创"筏形基础"

洛阳桥建于江海交汇处，"水阔五里，深不可址"。在传统打桩方法不可行的情况下，采用以船运载大石块抛入桥址江底的方法，形成一条长宽得当的矮石堤，然后在堤上用条石横竖排列修筑桥墩，并利用一处江心洲连接桥之南北。这种"筏形基础"广泛运用于当代造桥工程也才 100 多年，而洛阳桥早在 900 多年前就已采用类似做法，可谓中国桥梁史上的一项重大创举。

▏洛阳桥以江心洲连接南北（杨小玲 / 摄）

养蛎固基

洛阳桥的桥墩是以长条石纵横相间砌筑于松散的抛石基础上，在水流潮汐夜以继日的冲击下难以维系。善于观察的蔡襄利用当地牡蛎的生长特性，将其种植于桥墩上，使石块胶结固基，之后历代均严令禁取桥墩蛎房。把生物学运用到桥梁建筑上，是又一项杰出的自然科学创新。

浮运架梁

洛阳桥石梁最重者重量达 20 多吨，在没有大型起重设备的情况下，富有创造力的泉州造桥工匠把采好的石

┌ 千年洛阳桥"月光菩萨"守护着洛阳江两岸渔民出海打鱼作业，安全满载而归（杨福安／摄）↑（上）

┌ 呈现船形的洛阳桥桥墩（刘勤发／摄）↑（下）

梁放置于船上，乘涨潮之时驶入二墩之间，再利用牵引设备使石料就位，待落潮时石梁便妥帖就位。"激浪以涨舟，悬机以弦牵"，巧妙地借用了自然之力。

船形桥墩

把桥墩一端砌成尖劈状，可减缓水流冲击力，蔡襄传承并发展了这种在唐代就已初现的桥墩制造工艺，把洛阳桥桥墩迎向江流海涛的两端都砌成船首形，因势利导分水，以达到缓解冲力、保护桥墩的目的。

洛阳桥的成功建造，意义与影响都十分巨大和长远，自此掀起两宋时期泉州地区长达 150 年的"造桥热"。据《泉州府志》记载，泉州在宋代修建的桥梁有 110 座之多，1131 年至 1162 年的 30 多年更是"造桥热"的高峰时期。

在中国古代桥梁中，论构造雄伟和石梁巨大，当首推福建漳州的江东桥。

┌ 江东桥全貌（蔡文原 / 摄）

┌ 江东桥各个构件都
很巨大（陈嵩伟／摄）

　　江东桥是世界上最大、构件最重的石梁桥，是中国古代十大名桥之一，也是福建古代四大桥梁之一。在中国古代桥梁史上，江东桥以桥梁跨度大、桥板长、重量重占有重要地位。

　　江东桥是建桥史上的一个奇迹："上重下坚，相安以固。涨不能没，湍不能怒，火不能热，飓不能倾。"犹如埃及金字塔一样，它的建造方法至今仍是个谜。

　　桥梁专家茅以升曾在《人民日报》发表文章说："首先，在于我国劳动人民的勤劳和智慧……在建筑技术上有很多创造，在起重吊装方面更有意想不到的办法。如福建

漳州的江东桥，修建于八百年前，有的石梁一块就有二百来吨重，究竟是怎样安装上去的，至今还不完全知道。"

古桥悠悠，岁月静柔。桥是工程，是风景，是人情冷暖，是古人冲破阻隔的智慧和勇气。历史从桥上匆匆而过，但造桥的智慧和技艺，还将在时光中世代传承。

作　　者："闽人智慧"编辑部

福建这座桥，堪称古代「基建狂魔」的炫技之作

2022 年 8 月 30 日，中国首条跨海高铁新建福（州）厦（门）铁路全线铺轨贯通，引发一片点赞之声："大国工程！""'基建狂魔'上新！""人类技术天花板！"

其实，在古代福建也有这样一座桥，坐拥"天下无桥长此桥"的荣誉，堪称中国古代"基建狂魔"的炫技之作。而且这份炫技可谓花式：明明是一座桥，却采用三种桥墩式样；在没有任何现代化设备的当时当地，用了足足 45,000 立方米的石材打造。

这就是位于今福建省泉州市西南方向 30 千米处的安平桥，是横跨于晋江安海镇与南安水头镇之间海湾上的一座梁式石桥，始建于南宋绍兴八年（1138），是世界上中古时代最长的梁式石桥，也是中国现存最长的海港大石桥。2022 年 5 月 19 日，中国邮政发行《中国古镇（四）》特种邮票一套四枚，其中一枚邮票名为"福建晋江安海镇"，画面中的古桥正是安平桥。

安平桥究竟有何魅力，能在众多古迹中脱颖而出？

灵动安海（许师伟/摄）↑
《中国古镇（四）·福建晋江安海镇》特种邮票（陈钧/供图）↓

☐ 三个世界第一

据介绍世界名桥的相关资料显示，安平桥有三个"世界第一"——世界上最长的跨海梁式石桥，世界上石料用量最大的石桥，世界上唯一一条因水势不同而采用三种不同桥墩的古桥。

宋时，泉州由于海外交通和港口贸易的发展，需要大量汇通江海的桥梁，而跨海大桥的建造不仅需要财力、物力，还得有建桥技术为支撑。

安平桥的桥体呈东西走向，是以花岗岩石料构筑的梁式石桥，全长2,255米，约5华里，因此俗称五里桥。安平桥有疏水道362孔，桥墩361座，桥板2,308条，整个工程包括桥栏、桥台及附

属建筑等在内共使用石材 45,000 立方米。这样浩大的工程，在当时没有现代化设备的情况下，巨石是如何开采，如何搬运，又是如何架设成功的呢？安平桥的建造吸取了泉州洛阳桥的建桥方法，同时又有所创新——采用了"睡木沉基"法，即：落潮时人工平整河床底部，然后在泥滩上将椿木平列分层交叉，垒压上大石条，随石条的加高，重量不断增大，木头排便渐渐沉陷至淤泥底部的承重层，从而奠定桥墩的基础；涨潮时用船运载石板，浮架于桥墩之上，待潮汐慢慢下退，大块石桥板再横放在桥墩的上面。

造桥步骤完工后，再利用桥墩养殖牡蛎，牡蛎长成后外壳会嵌入桥墩，这样就可以抵抗海浪冲刷和外表风

┌ 烟雨中的安平桥（陈钧 / 摄）←
┌ 安平桥桥墩呈双尖船形、单尖船形、长方形等不同样式（视觉中国 / 供图）↓

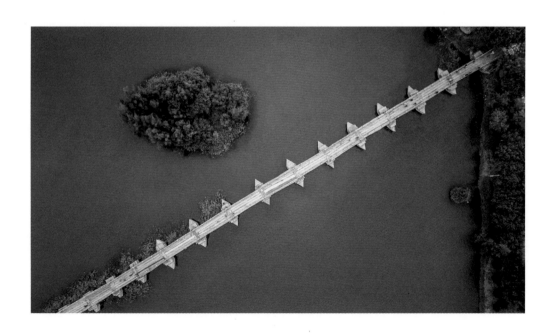

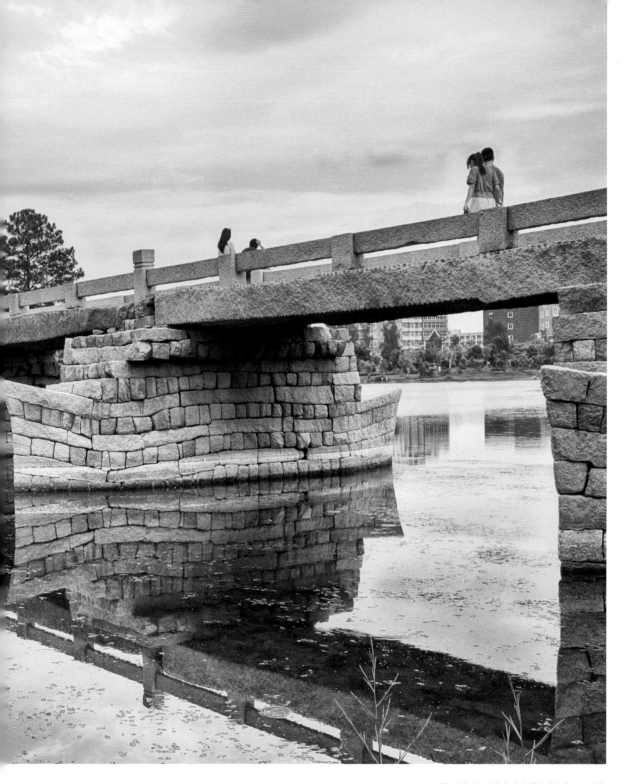

┌ 靓丽的安平桥水中倒影（颜华圣／摄）

化。这是在海洋贸易带动的大量桥梁建造实践中，自然而然地积累、发展而来的先进筑基建桥技术。

更令人赞叹的是，由于港道有深有浅，水流有缓有急，设计者还因地制宜，根据海潮、洪水的流速和流向的不同，设置安平桥桥墩的位置和形状。在水流缓慢的浅水区域筑长方形桥墩，在较深的水域筑一头尖、一头方的半船形桥墩，尖端朝向深海；在水流湍急的深港区域筑双头尖船形桥墩。可见，聪慧的闽南人在当时就已掌握潮汐涨落规律，能区分不同位置的水流特点，以形态各异的桥墩结构巧妙对抗水流冲击。如此高超的造桥技术使得著名桥梁专家茅以升在《安平桥》一文中也赞叹不已："这在世界古桥中，恐怕是唯一的。"

□ 围绕安平桥的世代接力

安海地处晋江与南安的交界处，扼晋江、南安水陆要冲，是古代泉州海外交通的重要港口和商贸重镇。当时安海港海交贸易非常繁荣，桥未建时，只能靠舟渡。然而，当时晋江安海和南安水头两岸水高浪急，船渡的艰难严重影响港区货物吞吐，制约了当地交通、经济的进一步发展。于是，当地民众都有一个心愿：修建一座跨海桥梁。

可要在万顷波涛上架设这么长的海桥，如此浩大的工程，在当时无疑是一件天大的难事。据明代《八闽通志》卷十八载："安平桥在石井镇（编者注：今安海）。

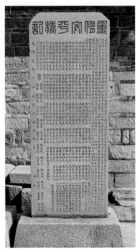

宋绍兴八年，僧祖派始议为石桥，镇人黄護及僧智渊各施钱万缗为之倡。"牵头人、捐资倡导者都有了，在这样的情形下，安海的殷实商人也群起应之，纷纷捐款用于造桥。难得的是，往来于安平商圈的外地商人也积极捐款。安平桥从创建至今，无时无刻不体现着安海人的团结、慈善和大爱。

据《安海志》载，造桥工程完成过半，主持人和募捐人先后离世，工程被迫中断。宋绍兴二十一年（1151），泉州知州赵令衿因士民之请，再集资成之。通过多人多年的努力及社会广大民众的合力修建，安平桥终于在绍兴二十二年（1152）十一月告竣。通桥之后，险恶的海湾渡口变成坦途，与泉州内陆腹地紧密相连，可谓四通八达。

八百多年来，面对山洪、潮水、台风、地震等自然

闽人智慧 FUJIAN WISDOM

今日安海（陈钧 / 摄）

你未必知道的福建

196 - 197

力的侵袭及偶尔的人为破坏，安平桥能够确保畅通并一直保存至今，经常性的修缮是必不可少的。据载，从明永乐二年（1404）到清光绪十二年（1886）的482年间，安平桥共经历17次重修，这些精心的呵护使它得以跨越时间，完好地保存至今。

□ **名人与名桥**

安平桥是古代桥梁建筑的杰作，1961年成为国家第一批公布的全国重点文物保护单位之一。无数先民的血汗和智慧凝聚成安平桥这一了不起的工程，古往今来，众多名人大家也被安平桥的伟大所吸引。

└ 桥亭风姿（陈钧/摄）

儒学大师朱熹途经安海时游览过安平桥两岸的绝佳风光。安平桥还与民族英雄郑成功之父郑芝龙颇有渊源。明末，海商郑芝龙以台湾和安平港为据点，建立强大的海上武装，着力发展海上贸易。崇祯十年（1637），郑芝龙出资倡修安平桥，并着重修复了桥中心残破不堪的水心亭，还亲撰《重修水心亭记》。

1938年农历九月二十日，弘一法师应安海丰德法师之邀请，从漳州经同安梵天寺来到安海，在安平桥头的水心亭停留了一个多月，就住在这斗室中，并提笔为斗室命名"澄渟院"，寓意"心清净如水"。澄渟院门前的楹联

安平桥澄亭院门前的楹联（成冬冬／摄）

┌ 披甲执剑、形象威武
的宋代护桥石将军（陈
钧／摄）

"如来境界无有边际，普贤身相犹如虚空"也出自弘一法师之手。

1962 年 11 月，郭沫若偕夫人于立群等在福建考察，为电影剧本《郑成功》的创作搜集资料。一行人驱车到安平桥，郭沫若写下了《七律·咏五里桥》：

五里桥成陆上桥，郑藩旧邸纵全消。

英雄气魄垂千古，劳动精神漾九霄。

不信君谟真梦醋，爱看明俨偶题糕。

复台诗意谁能识，开辟荆榛第一条。

凌波卧虹，飞架碧涛，安平桥宛如一条玉龙横亘于碧波荡漾的海湾上，左接安海，右连水头。在那个以舟

桥水路为交通要道的时代，作为古代泉州港海上丝绸之路的一个重要端口，安平桥在商贸流通领域发挥着极其重要的作用，缔造了光辉灿烂的过往。

今天，安平桥不仅是海内外安海人的乡愁寄托，更作为"泉州：宋元中国的世界海洋商贸中心"22个代表性遗产点之一，诉说着安海人引以为傲的精神与智慧……

作　　者：张志耐　林伊婷　吴培文

福地福气润福狮

拾伍

从始建于西晋的泉州九日山延福寺出土的风狮爷，到福州鼓山涌泉寺的戏球狮；从漳州木版年画的招财狮，到宁德柘荣剪纸的瑞狮窗花；从闽南地区盛行的狮阵狮舞，到活跃在泉州、宁德等地抗疫一线的一支支"福狮"志愿服务队……福狮的形象在福建无处不在，已成为八闽大地独特的人文景观，呼应人们对幸福与美好生活的期盼，增添信心与力量。

泉州开元寺月台须弥座的印度教狮身人面像（陈英杰/摄）

□ 跨山越海 狮会闽地

　　狮子，最早来自西域的瑞兽，伴随着陆上丝绸之路的驼铃声，穿越迢迢沙漠，于汉代作为贡狮传入中国，被视为祥瑞的象征。《后汉书·章帝纪》载，东汉章和元年（87），"月氏国遣使献扶拔、师子"。宋元以后，狮子又经由海上丝绸之路进入中国东南沿海。

　　狮文化进入福建是在魏晋时期，随着中原移民入闽。同时，福建作为古代海上丝绸之路的重要起点和发祥地，随着福州、泉州、漳州、厦门等港口对外贸易的开展，成了中外狮文化交流传播的中转站。清代泉州诗人富鸿基曾留下"重译梯航神兽通，遐荒殊域喜来同"的佳

你未必知道的福建
204 - 205

┌ 福州鼓山涌泉寺戏
球狮（林细忠／摄）↗
┌ "含财狮"造型新
颖，代表人们追求美好
生活的愿望（陈英杰／
摄）→（左）
┌ 搭配盆景的石狮
（陈英杰／摄）→（右）

└ 泉州开元寺院内的石狮子（陈英杰／摄）

句。一个"喜"字，洋溢着满满的福气和喜庆之意；一个"同"字，表达了感同身受的喜悦心情和分享幸福的愉悦感。

两千多年来，狮子或经陆上丝绸之路长途跋涉输送，或借海上丝绸之路的高桅巨舶运载，其形象及相关文化也逐步汉化并扎根下来，成为与龙、凤、麒麟并驾齐驱的中国传统瑞兽。

狮文化传至福建之后，历经闽都文化、闽南文化、客家文化等地域文化的浸染，吸纳八闽大地的"福气"，咆哮荒野、睥睨万物的狮子在形象上变得相对和气安详、温顺可爱，增添了不少吉祥色彩，逐步演化成能够驱邪纳福、守护一方的灵兽。

□ 狮身福魂 相映成趣

福建人对狮子的推崇与喜爱，在各地十分普遍。特别是在泉州，带"狮"字的地名有九百多个，"狮"迹遍布宫观寺庙、大街小巷、道路桥梁，可见泉州人对狮子非常钟爱。

在民间，流传着这样一首耳熟能详的民谣："摸摸石狮头，一生不用愁；摸摸石狮背，好活一辈辈；摸摸石狮嘴，夫妻不拌嘴；摸摸石狮腚，永远不生病；从头摸到尾，财源广进如流水。"字里行间流露出人们希望从狮子身上沾沾福气，祈求吉祥如意、幸福安康的朴素愿望。

从石狮市博物馆所展示的历代石狮中，可以清晰地看

雄踞于泉州威远楼前的石狮（陈英杰 / 摄）

┌ 曲项昂首的福建转头狮（陈英杰／摄）↑（上）
┌ 石狮市博物馆镇馆对狮，左为雄狮，右为雌狮（石狮市博物馆／供图）↑（下）

出狮子形象不断演变的过程。隋唐时期，石狮前肢斜伸，昂首挺胸，气度非凡，威风凛凛；宋代，石狮开始配饰绣球、如意、铃铛、葫芦、铜钱、祥云等吉祥之物，威武之余添上几分祈福色彩；到了明清，石狮进一步向世俗化发展，一些民居门口的石狮笑靥粲然，特别是泉州惠安石雕圣手李周的转头狮，呈现欢快、亲和、热情的萌态，生动活泼的南狮就此走上历史舞台，与威武雄健的传统北狮各领风骚。

石狮市博物馆收藏的一对清代石狮雕像就是南狮的代表之作，其雕刻技艺精湛，结构匀称，圆转柔滑，线条起伏明快，犀利清新，堪称镇馆之宝。而且这对石狮一雄一雌，神态自然，左顾右盼，含情脉脉，符合阴阳和谐、和睦安宁的传统理念。雄狮手握绣球，代表幸福尽在掌握中，又借由绣球的谐音表示有求必应的含义；雌狮则手持彩带，表示"好彩头"，寓意华堂焕彩、喜气盈门，彩带的另一头还连接一只顽皮呆萌的小狮子，象征母子亲和、子孙延绵。

在这对充满温馨幸福情调的石狮子身上，艺术家把人们对幸福的追求与向往进行了抽象和升华，再通过谐音、寓意等形式让抽象的概念具象化，成为装饰在狮子身上的吉祥符号。

经过岁月浸染和艺术加工，石狮寄托了越来越多人对美好生活的希冀与愿望。大到殿宇、祠堂、寺庙、府第、陵园，小至民居、檐角、石栏杆、桥墩，不论是镇

1		3	4
2			5

⌐1 泉州惠安石雕大师蒋惠民收藏的石狮子（陈英杰／摄）
⌐2 泉州泉港的红砖砖雕石狮（陈英杰／摄）

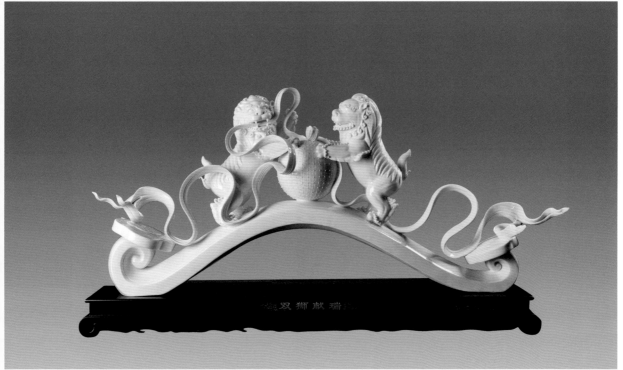

┌ 3 各种狮头石敢当（石狮市博物馆／供图）

┌ 4 丘晓丽寿山石雕刻作品《喜乐》（丘晓丽／供图）

┌ 5 许瑞峰德化瓷作品《双狮献瑞》（许瑞峰／供图）

守门户的对狮、街头巷尾的狮头石敢当，还是蹲守屋脊的镇风狮；不论是福州寿山石雕团狮，还是莆田木雕、德化白瓷瑞狮摆件，在福建古今建筑、非遗技艺、民俗活动以及老百姓的日常生活中，都有蕴含浓厚祈福、纳福寓意的狮子们躬身守护的身影。

福建是全国唯一以"福"字命名的省份，福建人以各种形式传承和演绎"福"文化。当"狮"文化遇见"福"文化，入乡随俗，落地生根，形成了别具一格的福狮形象，造就了独特的"狮身福魂"。而且，在福建历史传统、地域文化、民俗风情的浸润之下，狮子的形象被赋予了越来越明显的世俗化、拟人化特征。在人们心目中，狮子不仅是迎祥纳福的瑞兽，也是忠诚肝胆的朋友，更是温顺可爱的玩伴，拟人化的狮子已成为福建人日常生活中相伴相随的萌宠。

□ 两岸同俗 风狮见证

在闽南石狮中，有一类石狮子极具特殊性，它们被人们尊称为"风狮爷"。

古时候，闽南许多出海捕鱼为生的人相信台风、飓风、龙卷风等都是"风煞"在作怪。为求躲避风害，抵抗风邪，民间便逐渐衍生出风狮爷信仰。泉州是古代海上丝绸之路的起点城市，唐时即有"市井十洲人"盛景，海上贸易络绎不绝。当时远洋航行需靠信风驱动，每逢船舶往返季节，泉州郡守、南外宗正司宗正、提举市舶

┌1 泉州南安九日山
延福寺风狮爷（石狮市
博物馆／供图）
┌2 石狮市博物馆所
藏清代骑狮风狮爷（石
狮市博物馆／供图）
┌3 闽南红砖墙上的
狮头鱼身石灰塑像（陈
英杰／摄）

1	2
3	

┌ 金门风狮爷（陈英杰／摄）→
┌ 晋江磁灶窑所产的风狮爷（石狮市博物馆／供图）↓

司都会率僚属到九日山下的延福寺通远王祠，举行祈求海舶顺风的典礼，并将经过镌刻于九日山中的岩石上。

2004 年，在泉州九日山始建于西晋太康九年（288）的延福寺考古出土了一尊高大的风狮爷，专家评估可能是五代以前的雕刻品。泉州市文博研究员陈鹏鹏根据延福寺出土的风狮爷推测泉郡祈风之俗或在宋代之前就已形成。

随着闽南先人迁徙的步伐，风狮爷信

俗也传到了金门及台湾岛内，至今保持兴盛势头。《金门县志》载："浯地苦风，村落多在藏风处。其当风路口，每见有石刻巨兽，作猿猱张口人立状，俗语称风狮，云可挡风。"民俗学家周星的研究表明，闽台两地风狮爷制作形态一致，金门、澎湖、台南等地的一些风狮爷甚至就是由晋江磁灶窑生产的。

风狮爷信俗反映了沿海先民寄托在风狮爷身上祛邪、避灾、祈福的美好愿望，既见证了海峡两岸民间信俗文化千丝万缕的渊源关系，也展现了海上丝绸之路起点上福建先民们探索蔚蓝大海的智慧与勇气。

□ **吉祥狮舞** 汇聚人心

青龙阵、蝴蝶阵、蜈蚣阵、藤牌阵、八卦阵……这不是金庸小说里的武侠江湖，而是闽南人的舞狮世界。

┌ 泉州狮阵 (李群育/摄)

泉州刣狮（又称狮阵）是福建武狮的典型代表。狮阵发端于宋代，是集兵战阵法与武艺训练于一体的传统体育表演形式，有多达十余种摆绕阵法。"练拳头保自己、练狮阵顾乡里"的武狮风俗承载着泉州人驱邪祈福的美好愿景，体现了朴素的家国情怀。

在福建传统节日活动中，舞狮是一项重要内容，是人们祈求平安、庆贺年节的主要方式之一。福建舞狮分文狮和武狮。文狮重形意神态，舞法细腻。武狮重威武技巧，以泉州、漳州、厦门的狮阵和连城客家青狮为代表。此外，还有通过绳索操纵的宁德霍童线狮、福州连江仁山拉线狮，用木棒控制的福州永泰纸狮、泉州德化纸狮，与傩面舞结合的龙岩漳平吾祠游傩狮舞、三明永安畲族打黑狮，以及与灯舞结合的南

┌ 三明永安畲族打黑狮（罗联永／摄）↑（上）

┌ 宁德霍童线狮表演中狮子朝舞台左右飞去的动作，称为"穿山跃"，动作幅度之大、速
度之快令人称奇（文脉／供图）↑（下）

平松溪狮子灯等舞狮种类。

福建舞狮还远播海外，成为华人华侨庆祝传统佳节、举办重大活动必不可少的重头戏，浓浓乡土气息激发了海内外福建人守望相助、回报桑梓的情怀，也向海外展现了中华优秀传统文化的独特魅力。

□ **传承发展 为民造福**

言而有信者，必获守信之福。

谈论福建狮文化，就不得不提及中国唯一以"狮"命名的省辖县级市——石狮市。隋唐以来，一尊威武雄壮的石狮就静静地蹲坐在石狮凤里庵前。千年来，石狮

┌ 凤里庵前的石狮（李荣鑫／摄）

人离乡出行时常常约定在凤里庵石狮这里会合。久而久之，一个彼此信守的约定演变成地名，转化为一座城市诚信为先、拼搏进取的精神象征。

奋斗本身就是一种幸福。

在石狮城市入口处还屹立着一尊造型威武雄健、神态朝气蓬勃的东方醒狮。这尊由旅菲爱国侨胞黄光坦、黄光赞捐资建造的石狮市城雕，象征着石狮人博大的胸怀、开阔的眼界以及勇于创新的情怀。

在泉州，狮文化一直是担当有为、拼搏奋斗的象征，体现了泉州人"敢为天下先、爱拼才会赢"的精神特质，也是这座城市最为重要的文化性格之一。正是这种舍我其谁的担当、攻坚克难的魄力和愈挫愈勇的进取精神，引领泉州人勇敢开拓、砥砺奋进，创造了"晋江经验""泉州模式"，使侨乡泉州成为福建省乃至全国发展最快、最具活力的地区之一。

"祈福"的情感寄托，也化为"造福"的实际行动。

2022年春，福建部分地区发生新冠肺炎疫情。在泉州、宁德等地涌现出一支支以"福狮"命名的医疗队、志愿队、先锋队，他们在疫情来临的关键时刻挺身而出，冲在一线，彰显了人民至上、生命至上的价值追求，展现了以福狮精神守护一方百姓、护佑家园平安的爱乡情怀，为打赢疫情防控战作出积极贡献。有狮文化专家感

┌ 泉州市福狮医疗队
(陈英杰／摄)

┌ 柘荣剪纸《抗疫福狮》（柘荣县委宣传部／供图）

叹："福狮文化生动地诠释了大爱是福的道理。"

石狮市博物馆馆长李国宏长期研究福狮文化的形成与发展。他认为："如果说迎祥纳福、祈求平安是人们的一种美好愿景，那么，福狮文化所象征的诚实守信的人文气质、威武奋发的进取精神和大爱无疆的优秀品质，更是福建人民内心深处的追求。"

2013年3月17日，在第十二届全国人民代表大会第一次会议闭幕会上，习近平强调，中国梦"必须紧紧依靠人民来实现，必须不断为人民造福"。2014年3月27日，在中法建交五十周年纪念大会上，习近平说："中国这头狮子已经醒了，但这是一只和平的、可亲的、文明的狮子。"

不驰于空想，不骛于虚声。融合中华优秀传统文化与时代精神的福狮文化正不断传承创新，激励着这片热土上的人们在新征程上先行先试，勇立潮头，开放包容，合作发展，踔厉奋发，为民造福，成为新时代的追梦人。

作　　者：李国宏　尼松义　王娟娟

近代中国第一个国际
基准海拔原点出自福建

世界第一高峰珠穆朗玛峰海拔为 8,848.86 米，中国内陆最低点新疆吐鲁番盆地内的艾丁湖海拔为 −154.31 米，这些海拔数据的测量都是基于当前全国统一的水准零点，也就是黄海的海平面。

这些为人所熟知的海拔数据背后，写满了中国人对领海主权的维护与海洋测量技术的探索。

在福州长乐营前伯牙磹的一块花岗岩礁石上，就藏着一个关于中国国际基准海拔原点的故事。在这个与罗星塔隔江相望的地方，标刻了近代中国第一个国际基准海拔原点——罗零基准点。在很长一段时间内，福建及周围沿海省份的陆上高度和水下深度皆以它作为基准点计算。

□ 揭秘罗零标高

　　如果查询福建地方志等相关文献，可以看到大量使用罗零标高作为测量基准的数据。若在网络上搜寻罗零标高，也会发现不少人曾对此发出疑问。罗零标高究竟出自哪里？

要回答这个问题，首先要将目光投向闽江下游的三江汇合处。在被称为"中国塔"的罗星塔北侧，可以看到一处罗零基准点纪念碑。正如罗零基准点纪念碑上的碑文所写："罗星塔零点，简称罗零，设于罗星塔对岸马江低潮水位，为闽江流域工程部门常用的高程起算点……"

罗星塔对岸，正是长乐营前的伯牙礁。

站在伯牙礁的岸上，眼前是开阔的马江江面，江面上船舶往来，江面随潮汐起伏，罗零基准点正位于码头旁的花岗岩斜坡上。当潮水逐渐退去，就可以看到上面刻着"IX"字样。

据"船政老人"陈道章查证，罗零基准点其实有两个基准面，其中罗零点是闽江罗星塔段最低水位的固定观测标记，但由于长时间浸没在水中，不方便使用，所以后来在罗零点上方约 3 米处另凿了一个固定标记，称为罗基点，也就是石上刻着的"IX"，"IX"代表的是罗马数字"9"，表示罗基点为罗零标高 9 尺（清尺）。

一直到中华人民共和国成立初期，福建的陆上高度和水下深度皆以罗零基准点作为起点计算，标注为罗零标高。同时，该基准点也被东南沿海各省采用，对当时的建设发展起到至关重要的作用。

□ 罗零基准点为啥设在长乐营前

为什么罗零基准点会设置在长乐营前呢？走到伯牙礁就能知道个大概。在伯牙礁至今还能看见一座保存基本完好的西洋式建筑，见证着这里与外国往来的一幕幕往事。

早在康熙二十三年（1684），清政府开放海禁，在福州南台岛北仓前山（今仓山）设立闽海关分口。后来西方列强进入中国，在鸦片战争后与清政府签订《南京条约》，中国被迫开放五口通商，福州位列其中。

随着《天津条约》的签订，中国被迫让渡关税自主权，洋人也借此将中国的水道测绘成图。咸丰十一年（1861）七月十四日，由洋人介入的闽海关新关在仓前山泛船浦宣告成立。但由于仓前山泛船浦属于内港，许多大型船舶无法进入，只能停泊在伯牙礁水域。清政府为便于

闽海关营前分关港务长宿舍
（徐文宇 / 摄）

管理，干脆在伯牙礁设置了闽海关营前分关，建起了办公楼、住宅楼、瞭望台等，大量洋人在此生活和办公。

在此期间，各国兵船、商船纷纷进入闽江海口，触礁沉没事故屡有发生，确定出零点标高用于航道定位变得迫在眉睫。于是清政府在闽江口下游设立验潮站，但当时的清政府尚未掌握水道测量技术，只得由船政衙署和港务当局请德国工程师进行系统测量。

从 1866 年至 1896 年，历时三十年，德国工程师最终在伯牙礁下码头江边的礁石上确定了马江段最低水位的固定观测标记，也就是我们今天所说的罗零基准点。

□ 不渝的主权抗争

同样是在这片水域，中国人也在进行对近代海军建设自强不息的探索。

德国工程师在闽江开始系统测量的同一年，不甘落后的中国人在福州设立了包括船政学堂在内的福州船政，其中被视为航海根本的测绘也成为船政学堂的主要课程之一，中国人希望有朝一日能够将水道测量权完全掌握在自己手中。从福州船政学堂走出的学生，也成为中国近代海防发展以及水道测量权回收的中坚力量。

1921 年，中国成为国际水道测量局的创建国之一，随即在 1922 年正式设立海军部海道测量局，拟具各种计划，对长江下游及沿海海口进行测量，由此开始了中国政府自主测绘海道的历史。

可以说，从让渡领海权的那一刻起，中国人就在为维护国家主权的完整做着不懈的努力，一直到中华人民共和国成立。

20 世纪 50 年代，国家有计划地依托黄海零点建立起全国统一的高程系统，后来由福建省精密水准测量队确定了罗零标高比黄海高程低 2.179 米，并在罗零基准点上方约 20 米处埋设标石，称为"国家水准点 罗零 1"。

中国海拔高程以黄海海平面为基准，但实际操作中不能每次都去海上测量，故国家测绘局经过复杂测量，于1954年将中华人民共和国水准原点定位于青岛观象山上的这座石头房内（视觉中国／供图）

1992年，全国统一采用黄海零点，罗零标高的使用由此成为历史。2022年2月，罗零基点石刻被正式列为长乐区区级文物保护单位。

刻骨铭心的历史催生了罗零基准点，而刻在礁石上的罗零基准点却在潮起潮落中见证着中国人自强不息的精神，见证着中国近代海军的启航，也见证着中国一步步挺进深蓝、创造奇迹。

作　　者：林奕婷　长　轩

福建与中国护理的
不解之缘

拾柒

福建，近代中国较早出现学校和医院的省份，与中国护理有着许许多多的渊源——

□ **中国第一所注册护士学校诞生在福州**

　　1907 年，福州迎来了一位美国护士 Cora E. Simpson，她有一个优雅的中国名字——信宝珠。作为中国第一所护士学校的创办人和中华护士会的第一发起人，她被誉为"中国护士会之母"。

┌ 中国第一所注册护士学校首届毕业生照片（右一为信宝珠）（琴子 / 供图）↑
┌ 19 世纪 30 年代的福州马高爱医院，位于今福州烟台山（陈熙 / 藏）↗

　　正是这位美国人在福州创办了中国第一所护士学校——福州马高爱医院附设南丁格尔看护学校（后与基督教圣公会创办的圣教妇幼医院附设护士学校合并，改称私立福州基督教协和医院附设高级护士职业学校）。

　　信宝珠初到福州时，出任马高爱医院护士长。她在工作中发现，当时中国的护理工作及护理教育没有任何规范或成熟条例，各医院及附设护士学校自定规则，各

地护士之间因交通不便和经费不足很少交流。她认为中
国护理界应该成立护士自己的学术组织。

　　1909 年 8 月 19 日，信宝珠等七名外籍护士、两名
外籍医生在江西牯岭创建了中国第一个全国性护理组
织——中国中部看护组织联合会，并于同年 8 月 25 日改
名为中国看护组织联合会，其目的是统一规范全国护理
教育标准，提高护理服务质量。该会之后数度更名，是
中华护理学会的前身。

　　福建还有一位不得不提的英籍护士鲍德温（Margaret
Ellen Baldwin）。

鲍德温与丈夫、儿子的合影（琴子／供图）

1900年她受英国圣公会派遣来华，在福州柴井基督医院（现福州市第一医院）工作，当地人亲切地称她为宝琳师姑。鲍德温在医院期间亲自护理病人，训练中国护士，她培训的护士成为福建护理事业的开拓者，她本人则于1918至1920年间担任第四届中国护士会会长。

值得一提的是，在当时，中文里还没有"护士"这个称呼。1914年6月，中华护士会在上海召开第一届全国大会，中国第一位出国接受护理教育的护士钟茂芳经过查阅《康熙字典》和请教一些中国学者，将"Nurse"一词翻译为"护士"，因为在中国古代，"士"多指受过教育、有一定学识和技艺的人，而"护"可以表示滋养或照顾，"护士"即知道如何滋养和照顾别人的人。这个翻译既保留原词本义，又融合东方文化，准确表达了这一职业的高尚与文明，在会上得到一致通过，沿用至今。

□ 来自福建的"中国护士之母"

除了中国第一所注册护士学校诞生在福建，"中国护士之母"也来自福建。

她就是福州长乐人伍哲英。

伍哲英青年时期就读于福州南台保福山女书院，毕业后在该院任职一年。因母亲患病无钱医治去世，她立志学医。之后，她考入江西九江但福德医院护士学校半工半读。

1915 年，伍哲英赴约翰斯·霍普金斯大学医学院附属护士学校攻读护理三年。学有所成之际，为报效祖国，伍哲英婉拒了国外医院的盛情邀请，1919 年回国后即到北京协和医院任护士长。

1921 年，伍哲英到上海筹办中国红十字会总医院护士学校，并担任校长之职。之后，伍哲英又相继创办了多所护校，为中国护理事业培养了一批又一批优秀人才。

1925 年 7 月，中华护士会派伍哲英、信宝珠等四名代表参加在芬兰首都赫尔辛基召开的第六届国际护士

大会，伍哲英成为首位中国籍的护士代表。

1928 年，伍哲英当选为中华护士会会长，这个职位此前一直由外国人担任。

1956 年退休后，伍哲英仍为护士学会、护士学校工作。

□ **福建已有三人获得南丁格尔奖**

南丁格尔奖是红十字国际委员会表彰在护理事业中作出卓越贡献人员的最高荣誉。自南丁格尔奖开始评选以来，福建共有三位护理工作者获此殊荣。

张瑾瑜：护理学科的模范带头人

1926 年，张瑾瑜出生在福建省长乐县一个华侨家庭，20 岁时报考了护士学校。就读期间，张瑾瑜受南丁格尔精神的熏陶，立志将自己的一生献给护理事业。1949 年，张瑾瑜从护士学校毕业后，被分配到福建省立医院，不久便报名参加支援闽清山区的工作。由于表现出色，她两次被当地挽留，延长支援期，还获得病员联名赠送的"医工标范"锦旗。

1982 年，张瑾瑜得知在福州市郊刚创建的福建省肿瘤医院的护理工作急需支援，就主动要求去肿瘤医院。

┌ 晚年的伍哲英仍在医护战线上工作（闽智／供图）↑
┌ 伍哲英（前排中）与护士学校学生合影（闽智／供图）←（上）
┌ 伍哲英（左三）与友人合影，左四为宋庆龄（闽智／供图）←（下）

针对刚开诊医院条件简陋、规章制度不健全、护理人员素质低等情况，她全身心投入，筚路蓝缕。她以博爱的胸怀、精湛的技术、默默奉献的精神，成为护理工作者的楷模和福建护理学科的模范带头人。1993 年，张瑾瑜获第 34 届南丁格尔奖章。

姜小鹰：南丁格尔之路的坚守者

1977 年从护士学校毕业后，姜小鹰来到福建医科大学附属协和医院工作，成为一名护士。1984 年，中国恢复高等护理教育，姜小鹰考入上海医科大学护理学专业。学成归来，她帮助医院建立和完善了一整套护理质量控制标准和管理制度。1988 年，姜小鹰调入福建医科大学从事护理学专业的教学工作。

当时，福建甚至全国的高等护理教育都是一片待开发的处女地。社会上有一种声音：护士就是打针发药，没必要进行高等教育。但是，十几年的护理实践让姜小鹰坚定地认为，护士应具备更多的科学知识才能适应社会的需求，她为之多方奔走呼吁。自 1992 年以来，姜小鹰带领着她的团队先后开创了护理学专科、本科、研究生教育，成为福建省首位护理专业硕士生导师和博士生导师。在她的努力下，福建省高等护理专业教育形成了完整的层次结构。

作为护理界著名专家，姜小鹰带领福建医科大学护理学团队创办国家级特色护理学专业、精品课程和国家级护理学实验教学中心，并获得过多项国家级荣誉。她在护理教学和科研上的执着探索推动福建护理和护理教育走在国内相关领域的前列。2011 年，姜小鹰获第 43 届南丁格尔奖章，是中国唯一获得此项荣誉的护理教育工作者。

李红： 致力于专科护理发展的领路人

1990 年，李红从上海医科大学护理系毕业，到福建省立医院做了一名普通护士，先后任护士长、护理部主任。2002 年，李红获北京协和医科大学医学理学硕士学位及首都经济贸易大学管理学硕士学位。

2001 年，李红走上福建省立医院副院长的岗位，分管护理工作，是福建省属医疗卫生单位最年轻的副院长。彼时的她已经开始不断开拓创新，推进福建省立医院护理管理改革。她带领护理管理团队在国内率先尝试建立专科护士培养制度，设置专科护士岗位，制定福建省专科护士核心能力培训体系和培训基地建设标准，为福建省培养专科护士两千多名。她在国内较早地建立了护理人力资源管理评价指标体系，开发病房护理人力管理信息系统，获得国家专利。2019 年，李红获第 47 届南丁格尔奖章。

沪闽情深 同心抗疫

▷ 福建援沪医疗队来自福建省第二人民医院的9名护士在世博方舱外合影，他们都曾参与援助武汉工作（张永定 / 摄）

□ 八闽大地的"提灯女神"

救死扶伤，大爱无疆。

对于普通人而言，从出生到死亡，都离不开护士。护士的工作并不只是打针、发药和基础护理，更是服务于广大人民群众生命的全周期。

新冠疫情形势特别严峻时，护士承担着各种各样与抗疫相关的工作，其辛苦程度和重要价值远远超出大众对护士这份职业的认知。

2022年5月12日，福建援沪医疗队近两千名医护人员在上海过了一个特殊的护士节。他们生动地践行着南丁格尔精神——燃烧自己，照亮别人，他们是来自八闽大地的"提灯女神"。

无论在防控一线还是在日常工作中，"护士是各个国家卫生体系的中坚力量"，他们不是神，但能为人们带来光。

福建护理，不负过往，载誉前行！

作　　者："闽人智慧"编辑部

福建永安：中国三大抗战文化中心之一

9 月 3 日是中国人民抗日战争胜利纪念日，也是世界反法西斯战争胜利纪念日。1945 年的这一天，中国人民奔走相告，欢欣鼓舞，庆祝属于自己的胜利！

福建永安是中国三大抗战文化中心之一，《为中国工农红军北上抗日宣言》曾在此发表，东南半壁的文化人士曾在这里荟萃，这里的一砖一瓦、一纸一笔，都见证着昔日的伟大与荣光。

□ 以笔为戈

　　1934 年 7 月 15 日，《为中国工农红军北上抗日宣言》在永安发布。这份宣言在当时可谓"时代最强音"，中国共产党最先挑明旗帜、坚决抗日，唤起了千百万工农的抗日热情。

　　抗战时期，福建省政府从福州内迁永安，战时省会在这里存续达七年半之久（1938 年 5 月—1945 年 10 月）。彼时，近 40 个省级机关部门在永安办公，一批中共党员、文化名人、爱国进步人士也云集于此，留下了许许多多的历史遗迹、革命文物、动人故事。

　　永安市曹远镇霞鹤村（原虾蛤村）4 位年龄在 90 岁以上的老人聊起 80 多年前村里的往事，依然记忆犹新。当年，村里来了一些手拿稿纸的人，从此河边一处房屋

┌ 中国工农红军北上
抗日先遣队纪念公园
（黄光棉 / 摄）

位于永安市城区西南郊文川溪畔的萃园，抗战时期福建省会内迁永安时这里曾是省卫生防疫大队（罗联永 / 摄）

总会传来印刷机发出的"嘎吱嘎吱"声，即便是夜晚也不停下。

80 多年后的今天，这些老人们仍然不是很清楚，当时在村中黄氏宗祠里居住的，正是为躲避日机轰炸而迁来的改进出版社编辑部人员。而对于战时迁往永安的数万人来说，他们还只是少数人。

省会内迁永安让这里积聚了人气，但也使之成了日军轰炸的目标。抗战期间，即便深居闽中内陆，永安仍遭日机 19 次无差别轰炸，其中以 1943 年 11 月 4 日的轰炸最为严重。

即便如此，抗日战争时期永安与全国的文化交流却不曾中断。基于永安城的现实条件，加上当时两任省政府主席陈仪和刘建绪相对开明的政治主张，大量抗日刊物齐聚永安，宣传抗日救亡，影响遍及全国，一些编辑部和出版社也应运而生。

1938 年 6 月初，中国现代著名作家、翻译家、教育家黎烈文到达永安，投身永安抗战洪流，担任改进出版社社长兼编辑部主任，并任福建省政府参议。在他的主持下，出版社先后创办了《改进》半月刊，《现代文艺》《现代青年》和《现代儿童》月刊，以及《战时民众》《战时木刻画报》等，还出版了"改进文库""现代文艺丛刊""世界大思想家丛书""世界名著译丛"等开拓视野的读物，一方面积极宣传抗战，一方面传播新的思想。

《发刊词》其宗旨"配合长期抗战需要","推动内地文化据点"的建立,以促进"推車車上峻坡"的精神,力求"对抗战和建国两重工作都能有些许贡献。

┌ 改进出版社旧址,
现为抗战文化出版纪念
园(魏兴谷／摄)

1940 年夏,中共东南局文委书记邵荃麟和作家葛琴夫妇因遭到敌人通缉,辗转来到永安,经黎烈文出面保荐,留在改进出版社工作,也居住在虾蛤村。

邵荃麟是文艺理论家、文学评论家、作家。抗日战争爆发后,他为《现代文艺》《现代青年》《改进》《抗战戏剧》等刊物撰写文章,创作了四幕话剧《麒麟寨》等作品,宣传抗日,反对投降。1938 年 8 月 16 日,邵荃麟的小说《客人》就发表于《改进》第一卷九、十期合刊。

┌ 永安抗战文化遗址群（罗联永 / 摄）

战时的永安有近 42 家大小出版社，4 家新闻通讯机构，19 家印刷所，16 家发行机构，编印、发行报纸 12 种，各类期刊 120 多种，出版各类丛书、丛刊和专著 800 多种。

永安市博物馆曾通过各种方式搜集到上百份《现代文艺》，其中百分之七八十都是从全国各地得来，只有百分之二三十是从永安和福建各地搜集来的。这是因为当时在永安求学的各地学生不少，一些学生购买了《现代文艺》，在抗战胜利之后离开永安时还将其随身带走，永安市博物馆是从他们后人的手中得到这些刊物，可见其影响之深。

┌ 永安出版的抗战刊物（闽智／供图）

□ **红色音符**

"燕溪水，缓缓流，永安城外十分秋。月如钩，钩起心头多少愁，潮生又潮落，下渡照孤舟……"

熟悉的旋律，动人的歌声，一首创作于抗战时期的《永安之夜》把人们带到多年前的永安。

抗战期间，永安的教育事业蓬勃发展。省会迁至永安后，新办了省立永安中学、省立（后改国立）音乐专科学校、省立师范学校、省立农学院等多所中高等院校，吸引了全国各地的热血青年到此学习。

其中，对于后世影响最深远的就是国立福建音乐专科学校。福建省立音乐专科学校于 1940 年在永安吉山创办，1942 年升格为国立福建音乐专科学校，成为民国时期全国仅有的三所音乐最高学府之一。1950 年，学校并入中央音乐学院华东分院，也就是现在的上海音乐学院。

那时的校友在艰苦的环境下创作了大量像《永安之夜》一样传唱度高的抗日救亡歌曲。他们还利用寒暑假进行巡回演出，举办百余场音乐会，传播音乐文化，开展抗日宣传活动，为抗日募捐等，足迹遍及福建、江西、浙江、广东各地。

乐开丰是永安三中高中部的音乐老师。2013年，他先后到福州、厦门、北京等地拜访了不少当年的国立福建音乐专科学校校友。"这些校友遍布大江南北，而且大多年事已高，要见一面真不容易。"乐开丰说，让他印象最深的是，每位校友只要听说他是从永安来的，"都像见到亲人一般，我们总会受到最高规格的接待"。

"国立福建音专为新中国培养了大批的杰出音乐人才。"乐开丰告诉记者，音专有三位老师荣获中国音乐最高奖——中国音乐金钟奖"终身荣誉勋章"，而2008年

北京奥运会主题曲《我和你》的创作者陈其钢，便是音专校友的后人。

除了音乐，抗战时期永安的戏剧活动也特别活跃，有话剧团、评剧团、歌咏团等十多个戏剧团体。除定期在永安举行公演和联演外，这些团体还经常配合抗战形势，深入战地、乡村宣传演出，足迹遍及八闽大地。

□ 保护传承

烽火岁月刻下时代烙印，红色抗战文化则带给人们无尽的精神财富。1999年5月，永安市吉山村被列为福建省第一批历史文化名乡。2013年，萃园书院、材排厝、上新厝等永安地区的12幢古建筑被列为全国重点文物保护单位。

永安市高度重视抗战文化品牌打造，坚持保护与活

┌ 1 永安材排厝（罗联永 / 摄）

┌ 2 永安上新厝（罗联永 / 摄）

┌ 3 国立福建音乐专科学校旧址（罗
联永 / 摄）

┌ 4 吉山土堡，抗战时期重要的联络
地（罗联永 / 摄）

┌ 5 永安抗战文化公园沿河景观（罗
联永 / 摄）

吉山新貌（罗联永／摄）

化利用并举，以福建永安抗战文化公园等文化景观的建设激活红色资源。国立福建音乐专科学校旧址、吉山土堡、沿河景观慢道等项目是福建永安抗战文化公园建设取得的阶段性成果。在保护中开发，在利用中传承，吉山红色资源焕发新活力。

如今，国立福建音乐专科学校右厢房已完成复建，练存轩等一批音专师生当年学习生活的旧址开始复原。推开音专校史馆大门，一张张照片、一件件实物、一个个感人故事，让流淌在战争年代的激昂旋律久久萦绕耳畔。

抗战的烟云早已消弭，留下的却是一段激情燃烧的旋律。在永安这块土地上，当年为争取抗日战争的胜利，曾上演了轰轰烈烈的抗战文化活动。如今，抗战文化已渐成永安的一张特色名片，也让永安成为东南抗战文化的一面旗帜，传递给我们源源不断的精神力量。

作　　者：魏兴谷

后记

福建古称"闽"。《山海经》云："闽在海中，其西北有山。"
这，是一个怎样的地方？

福建边界多山，境内层峦叠嶂——东北部有太姥山，中北
部有鹫峰山，中部有戴云山，中南部有博平山，西南部有玳瑁
山……

而它的东南侧，则全线沿海，且海岸线水深崖陡。

18 万年前，福建中部的三明境内就有原始人类出现。很长
一段时间内，因地处偏远、山水阻隔，福建显得神秘而低调。

西晋"永嘉之乱"后，中原汉族向江南大规模迁徙；唐末
藩镇割据，中原汉族再次大规模向南迁徙，福建境内人口得以
成倍数增加。

这片山与海之间的静谧土地，因为远离战乱而安宁祥和，
庇护着来到这里的人们，使他们能够繁衍生息，开垦耕作。

福建，由此进入中国历史的视野中心。

唐时，福建的造船技术已经十分先进，有
了福州和泉州两个造船中心；宋元时
期，泉州成为东方第一大
港，"千帆竞发刺桐
港，百舸争流丝绸路"
的景象蔚为壮观；两
宋时，福建路（福建
省）的进士总数为

7,144 名，远超排名第二的两浙东路，"龙门一半在闽川"……

福建人杰地灵，不仅深深打动了远道而来的人们，也让生于斯长于斯的人无比骄傲与自豪。

"唐宋八大家"之一的曾巩在福州知州任上仅仅一年零一个月，创作了 42 首诗，倾力描写福州的茶叶、荔枝和风貌，对此地恋恋不舍。

理学大家朱熹在武夷山下兴建武夷精舍，著书立说、授课讲学，武夷成为天下学子敬仰的文化圣地。秀美的武夷山水也给了朱熹极大的心灵慰藉。在陪辛弃疾游武夷时，他写下《九曲棹歌》："武夷山上有仙灵，山下寒流曲曲清……"盛赞武夷之美，传诵至今。

民族英雄林则徐任两广总督时，在总督府衙题书堂联："海纳百川有容乃大，壁立千仞无欲则刚。"他以要有大海一样的宽广胸怀、高山一样的坚定心志激励自我。林则徐的家乡福建，正是在山海之间。可以想象，家乡的山山水水铸就了林则徐伟大的人格，给了他无限的精神滋养。

福建，这片让许许多多了不起的人物无限眷恋的土地，还有着很多你不知道的内容——这里人杰地灵，在历史长河中形成了深厚的人文底蕴，孕育了诸多耐人寻味的人文故事和独特创造。

地处莆田的木兰陂始建于 1083 年，是中国现存最完整的古代灌溉工程之一，被誉为"福建的都江堰"，入选首批《世界灌溉工程遗产名录》；泉州境内连接晋江和南安的安平桥，是世界上最长的海港大石桥，享有"天下无桥长此桥"的美誉；同安人苏颂发明制造的水运仪象台，标志着中国古代天文仪器制造史上的高峰，被誉为"世界上最早的天文钟"；建阳人宋慈著有《洗冤集录》，标志着传统法医学体系的建立，比欧洲最早的法医学专著早了两个多世纪……

这里有着丰富的非物质文化遗产，有着诸多能工巧匠，令人叹为观止的福建技艺、璀璨生辉的福建创造世代传承，给予这片土地满满的智慧。

世界文化遗产福建土楼，遵循"天人合一"的东方哲学理念，与青山、绿水、田园风光相得益彰，构成适宜的人居环境以及人与自然和谐统一的景观；"艺苑奇葩、中国一绝"的厦门漆线雕技艺，工艺繁复精细，耗时数月甚至数载；将乐西山纸传承蔡伦造纸工艺，乾隆年间曾被作为《四库全书》用纸，极负盛名；南平建盏造型古朴典雅，质地深沉含蓄，具有浓郁的东方艺术色彩，一度为宋朝皇室御用茶具；还有"中国白"德化陶瓷、色彩斑斓的福州寿山石，无不吸引着世界的关注……

进入新时期，这里还以科技赋能，实现高质量发展，在现代制造和科技创新方面取得了卓越的成就，创造了一个又一个奇迹。

谢华安院士的杂交水稻"汕优 63"，满足了数亿人口的粮食需求，成为中国连续 16 年种植面积最大的杂交水稻品种；平潭海峡公铁大桥，是中国第一座公铁两用跨海大桥，也是世界上首座在复杂风浪涌环境下建设的海峡大桥；福清"华龙一号"，是中国核电走向世界的"国家名片"和核电创新发展的重大标志性成果；宁德时代，是世界一流的锂离子电池研发制造公司；还有"晋江经验"的金字招牌、互联网"龙岩帮"的典型现象……敢闯敢拼的八闽儿女，延续着生生不息的福建智慧。

千百年来，福建人民在历史长河中寻觅和践行发展之"道"，形成了崇高的精神理想与价值追求，积累了处理人与社会、人与自然关系的高超生存方法与谋略。

这些"知"与"行"，形成了闪光的思想、革命的贡献、先进的发明、精湛的技艺、非凡的创造。这些，我们将其统称为"闽人智慧"。

党的二十大报告提出，"推进文化自信自强，铸就社会主义文化新辉煌"，要"坚守中华文化立场，提炼展示中华文明的精神标识和文化精髓，加快构建中国话语和中国叙事体系，讲好中国故事、传播好中国声音，展现可信、可爱、可敬的中国形象"。

因此，在当下进行"闽人智慧"主题宣传，必要且重要。

通过挖掘"闽人智慧"的深厚内涵，梳理"闽人智慧"的脉络，讲好"闽人智慧"的故事，能够让人们了解一个立体和丰富的福建，展示全面、全新的福建形象，增强福建人民的文化自信，进而增强人们对于中华文明的自信心与自豪感。带着自信与自豪，我们才能更好地践行当下、走向未来。

"闽人智慧"主题宣传主要分为三个系列：你未必知道的福建、非遗里的闽人智慧、闽人新智，力争用贴近时代生活的方式讲述"闽人智慧"故事。其视角新、切口小，做到了读者群体的全覆盖，青少年也能看得懂、喜欢看，同时利用新媒体平台，进行福建省内、国内甚至全世界范围的传播。

"你未必知道的福建"系列侧重展示历史长河中人杰地灵的福建。运用新颖的观察角度、时尚的科普元素、鲜活的叙事方式，展示福建鲜为人知的人文故事和独特创造，展现古今福建人民的智慧。

"非遗里的闽人智慧"系列正式结集出版时名为《你未能触摸的福建》，侧重展示福建非物质文化遗产里蕴藏的匠心智慧。通过介绍福建的能工巧匠、非遗传承、技艺营造，用非遗传承人与众不同的能力、精湛的技艺和卓越的创造力，展现令人叹为观止的福建技艺、敢拼会赢的福建精神、璀璨生辉的福建创造。

"闽人新智"系列正式结集出版时名为《你未曾料想的福建》，侧重展示新时期科技文化赋能、高质量发展的福建。撷取中华人民共和国成立后，特别是改革开放以来福建新的建设成就与发展，体现历史纵深度、文化厚重感和鲜活的时代气息，反映新理念、新气象。

通过近一年的传播和推广，"闽人智慧"深入人心，在社会上引起热烈的反响，引发广泛持续的关注。人们从这四个字中，读出了更全面、更丰富、更深刻的福建，感受了敢拼会赢、锐意创新的福建脉动，体会了走向全球的福建人为什么能够对国家、对世界作出独特的贡献。"闽人智慧"已经成为互联网热点词汇，福建也因为"闽人智慧"吸引了来自全国乃至海外更大范围的目光。

习近平总书记在 2023 年的新年贺词中谈到，中国将"努力为人类和平与发展事业贡献中国智慧、中国方案"。"闽人智慧"正是中华民族伟大智慧的重要组成部分。

巍巍的武夷山连绵起伏，滚滚的闽江水奔腾不息，壮阔的大东海广纳百川，广袤的八闽大地上，"闽人智慧"源源不断。一套书的承载总是有限，但"闽人智慧"是无穷无尽的。我们希望通过"闽人智慧"的讲述，进一步激发人们对于中华文明的自信心与自豪感，从而让我们对过去有更深刻的了解，对现在有更准确的把握，对未来有更美好的憧憬。

"闽人智慧"丛书编委会

2023 年 6 月

图书在版编目（CIP）数据

你未必知道的福建 / "闽人智慧"丛书编委会编. -- 福州：
福建人民出版社：海峡文艺出版社, 2023.1（2023.8重印）
（闽人智慧）
ISBN 978-7-211-09056-3

Ⅰ. ①你⋯　Ⅱ. ①闽⋯　Ⅲ. ①福建—概况　Ⅳ. ①K925.7

中国国家版本馆CIP数据核字（2023）第005353号

你未必知道的福建

NI WEIBI ZHIDAO DE FUJIAN

作　　者："闽人智慧"丛书编委会
责任编辑：孙　颖
助理编辑：李雯婷
美术编辑：陈培亮
责任校对：林乔楠
出版发行：福建人民出版社　　　　　　　电　　话：0591-87604366（发行部）
网　　址：http://www.fjpph.com　　　　电子邮箱：fjpph7211@126.com
地　　址：福州市东水路76号　　　　　　邮　　编：350001
经　　销：福建新华发行（集团）有限责任公司
印　　刷：雅昌文化（集团）有限公司
地　　址：深圳市南山区深云路19号
开　　本：787毫米×1092毫米　1/16
印　　张：16.5
字　　数：146千字
版　　次：2023年1月第1版
印　　次：2023年8月第3次印刷
书　　号：ISBN 978-7-211-09056-3
定　　价：128.00元